RÉPUBLIQUE FRANÇAISE
Liberté — Égalité — Fraternité

DÉPARTEMENT DE LA SEINE

DIRECTION DES AFFAIRES DÉPARTEMENTALES

ÉTAT DES COMMUNES

A LA FIN DU XIXᵉ SIÈCLE

publié sous les auspices du Conseil Général

FONTENAY-AUX-ROSES

NOTICE HISTORIQUE

ET

RENSEIGNEMENTS ADMINISTRATIFS

MONTÉVRAIN
IMPRIMERIE TYPOGRAPHIQUE DE L'ÉCOLE D'ALEMBERT

1901

FONTENAY-AUX-ROSES

MONOGRAPHIES

En vente :

ÉPINAY	BOBIGNY
PIERREFITTE	SCEAUX
STAINS	BONNEUIL-sur-MARNE
VILLETANEUSE	L'HAŸ
ORLY	LES LILAS
DUGNY	ROSNY-SOUS-BOIS
ANTONY	NOISY-LE-SEC
LE BOURGET	AUBERVILLIERS
THIAIS	CHATENAY
RUNGIS	L'ILE-SAINT-DENIS
FRESNES	BAGNEUX
DRANCY	CHEVILLY
LE PLESSIS-PIQUET	PANTIN
VILLEMOMBLE	CHATILLON
BONDY	ARCUEIL-CACHAN
GENNEVILLIERS	MALAKOFF
ROMAINVILLE	ALFORTVILLE
BOURG-LA-REINE	FONTENAY-aux-ROSES
LA COURNEUVE	

Sous presse :

BRY-SUR-MARNE	VILLEJUIF
VANVES	SAINT-OUEN

En préparation :

SAINT-DENIS	BAGNOLET

DÉPARTEMENT DE LA SEINE

DIRECTION DES AFFAIRES DÉPARTEMENTALES

ÉTAT DES COMMUNES

A LA FIN DU XIXᵉ SIÈCLE

publié sous les auspices du Conseil Général

FONTENAY-AUX-ROSES

NOTICE HISTORIQUE

ET

RENSEIGNEMENTS ADMINISTRATIFS

MONTÉVRAIN
IMPRIMERIE TYPOGRAPHIQUE DE L'ÉCOLE D'ALEMBERT

1901

NOTICE HISTORIQUE

FONTENAY-AUX-ROSES [1]

Anciennement, communauté de la Généralité et de l'Élection de Paris, paroisse du doyenné de Châteaufort.

De 1787 à 1790, municipalité du département de Corbeil, arrondissement de Bourg-la-Reine.

De 1790 à l'an IV, commune du district de Bourg-la-Reine (supprimé par la Constitution de l'an III) et du canton de Bourg-la-Reine.

De l'an IV à l'an IX, commune du canton de Sceaux.

Depuis l'an IX, commune de l'arrondissement et du canton de Sceaux.

---

1. Le nom de Fontenay est l'un des plus fréquents que fournisse la nomenclature géographique de la France ; aussi est-il presque toujours accompagné d'un surnom distinctif ; c'est le cas pour les deux Fontenay du département de la Seine, Fontenay-aux-Roses et Fontenay-sous-Bois.

I. — FAITS HISTORIQUES

Le parfum des roses, le murmure des fontaines, telles sont les idées, poétiques entre toutes, qu'évoque le nom de Fontenay-aux-Roses, et ce nom n'est pas trompeur. Il est difficile, en effet, de trouver aux environs de Paris une localité offrant des sites plus agréables, et, pendant la belle saison, plus de vergers et de sentiers fleuris. Elle est située dans cette région très accidentée que ferme, au midi, le plateau de Châtillon, et sur le versant occidental de la vallée dont la ville de Sceaux occupe l'autre versant, vallée au fond de laquelle coule le ruisseau de la Fontaine du Moulin, modeste tributaire de la Bièvre.

Au centre même de l'agglomération s'ouvre une profonde dépression de terrain, nommée la Cavée, prolongée par la Fosse Bazin et qui contribue encore à donner au pays un aspect pittoresque tout à fait inattendu et charmant. Le *Dictionnaire universel géographique de la France*, publié en 1726, disait déjà que « ce lieu est fort fréquenté par les Parisiens pour ses belles promenades et ses bouquets de rosiers, ce qui le fait appeler ordinairement Fontenay-aux-Roses ».

Ce surnom, admis officiellement aujourd'hui, a succédé à la désignation Fontenay-lès-Bagneux, ou sous-Bagneux, qui datait de l'origine, et que l'on trouve encore employée dans les registres de délibérations du temps de la Révolution, comme paraissant être la seule administrative. Nous avons eu la curiosité de rechercher l'époque à laquelle apparaît le surnom aux-Roses, et nous croyons qu'il ne figure pas dans les actes avant l'année 1651 (Archives nationales, S. 3553). Un acte de 1654 porte : « Fontenay sous Bagneux, dict aux Rozes » (*ibid.*). Le registre des baptêmes, mariages et sépultures, de 1642 à 1656, porte : « Fontenay près Bagneux » ; celui de janvier 1657 : « Fontenay aux Roses » (Archives de la mairie de Fontenay).

Cette gracieuse appellation ne date donc, on le voit, que de la seconde moitié du XVIIᵉ siècle. Il serait, par suite, téméraire de de penser, comme l'ont fait certains auteurs, que c'est à Fontenay que se faisaient les chapeaux de roses, les couronnes et bouquets qu'il était d'usage d'offrir, durant le moyen âge, au roi et au Parlement ; il suffira de dire que le lieu était réputé pour la culture des roses.

A l'origine, le territoire dépendit de la paroisse de Bagneux, dont la circonscription était très vaste, puisque Sceaux, Châtenay, Châtillon, en furent successivement démembrés ; de là, le surnom primitif : Fontenay-sous-Bagneux, qui implique une subordination ecclésiastique et non une différence de niveau du sol, car les deux villages sont sensiblement à la même altitude.

Dans sa notice sur Fontenay, l'abbé Lebeuf dit qu'il faut remonter au XIIe siècle pour trouver une mention de Fontenay ; c'est faire tort d'un siècle au moins d'existence à la localité. En effet, dans une autre partie de ses savantes recherches sur le diocèse de Paris (t. I, p. 146 de l'édition de 1883), ayant à parler du prieuré de Notre-Dame-des-Champs au faubourg Saint-Jacques de Paris, il avait dit qu'en 1084 ce prieuré fut donné à l'abbaye de Marmoutiers, près de Tours, avec le droit de sépulture qu'y avaient eu les deux villages d'Issy et de Fontenay. On trouvera, d'ailleurs, confirmation de cette donation dans deux documents de la fin du XIe siècle, publiés par J. Tardif (*Monuments historiques, Cartons des rois*, nos 299 et 320), où il est dit que la *ville* de Fontenay avait été brûlée et détruite pendant une période de discordes, mais que, la paix ayant été rétablie, elle avait été donnée au prieuré de Notre-Dame-des-Champs.

Dans une charte de décembre 1242, conservée en original aux Archives nationales (S. 5123, no 3), nous avons trouvé mention d'un écart de Fontenay-aux-Roses, Chantelou, où la léproserie de la Banlieue, située sur le territoire d'Arcueil, possédait alors un demi-arpent de vigne [1]. Ce lieu existe encore aujourd'hui, entre la ligne du chemin de fer et le territoire de Sceaux, mais défiguré sous le nom de Chanteclou, tandis que Chantelou avait la signification expressive de « chant du loup ».

La terre de Fontenay ne resta pas sous la dépendance de Mar-

---

1. Omnibus presentes litteras inspecturis, Johannes, ecclesie Parisiensis archidiaconus, salutem in Domino. Notum facimus quod in nostra presentia constituti Robertus presbyter de Banleuca et magister ejusdem domus, totus que ejusdem loci conventus recognoverunt se habere dimidium arpentum vinee apud Fontanetum in territorio quod dicitur *Chantelou*, in censiva hospitalis Jerosolimitani Parisiensis, quam etiam vineam elemosinavit eisdem, ut dicebant, Thecia defuncta, quondam uxor defuncti Gaufridi Le Tonnelier.....
Datum anno Domini m° cc° quadragesimo secundo, mense Decembri.

moutiers. Au XIIIe siècle, elle appartenait à l'abbaye de Sainte-Geneviève de Paris, qui y jouissait du droit de haute justice. On conserve à la bibliothèque Sainte-Geneviève, sous la cote H. f. 23, une sorte de recueil d'arrêts rendus au nom de l'abbaye contre ses justiciables des environs de Paris ; il y est question du maire de « Fontenay delès Baigneux » (le maire était un officier de l'abbaye administrant son domaine rural) ; mais voici un jugement qui atteste plaisamment la naïveté de nos aïeux : « L'an de grace mil CCLXVIII ou environ, fu pris à Fontenai un pourcel qui avoit mengié un enfant chiés Estienne le Camus, et fu ars (brûlé) en la court au mere de Sainte Geneviève à Fontenai... » Brûler solennellement, et avec toutes les formes judiciaires, un pourceau qui a mangé un enfant, c'est là une sanction qui, depuis longtemps, ne figure plus dans nos codes.

C'est aussi au XIIIe siècle que Fontenay fut démembré de la paroisse de Bagneux et constitua une paroisse distincte, sous le vocable de Saint-Pierre. On en a la preuve par la description de l'édifice primitif, faite par ceux qui ont pu le voir, notamment l'abbé Lebeuf, qui dit « qu'il y a au sanctuaire quelques colonnes et fenêtres de la fin du XIIIe siècle ou environ ». Au XVe siècle, une confrérie de Saint-Pierre, qui paraît avoir été importante, avait son siège dans cette église. Le carton S. 3554 des Archives nationales contient toute une liasse de documents, — dont le plus ancien est de 1415, — relatifs à des donations faites aux « maistres et gouverneurs de la confrairie monseigneur Saint-Pierre, fondée en l'église dudit Fontenay ».

Vers le même temps, lors de l'occupation de la France par l'Angleterre, en juin 1425, Henri VI, roi d'Angleterre, donnait à Étienne Bruneau, son secrétaire, de nombreux biens aux environs de Paris, parmi lesquels « cinquante sols parisis de rente sur III arpens de vignes assis au terroir de Fontenay-lès-Bagneux, qui furent Thomas du Han et Marguerite, sa femme, avec deux arpens de prez, ou environ, n'a guaires par nous bailliez et delivrez à ladicte charge à Foulques de Rosières oultre les charges qu'ilz doibvent » (Longnon, *Paris pendant la domination anglaise*, p. 174).

Cent ou cent cinquante années s'écoulèrent ensuite pendant lesquelles l'aimable village put se consacrer dans le calme à la culture des roses et de la vigne ; puis, survinrent les guerres religieuses de la seconde moitié du XVIe siècle, qui eurent une répercussion terrible dans cette région. Un document fort curieux et jusqu'ici inédit nous le prouve ; c'est la permission accordée par Henri III aux habitants de Fontenay d'entourer leur village d'une clôture pour se défendre contre le passage des gens de guerre et contre les vagabonds et gens sans aveu. L'acte, daté de Chartres, juillet 1588, est conservé aux Archives nationales dans le carton S. 3554 :

> Henry, par la grace de Dieu roy de France et de Poulogne, à tous presens et advenir, salut. Receue avons l'humble supplication de noz chers et bien amez les manants et habitans de Fontenay, près Bagneux, contenant que, pour l'injure du temps et des troubles qui ont eu cours en cestuy nostre Royaulme ilz ont supporté durant iceulx le passaige de plusieurs gens de guerre, avanturiers, vagabondz et autres gens vivans sans adveu qui les ont pillez et ruinez tellement qu'il leur est quasi devenu du tout impossible de pouvoir plus supporter telles foules et oppressions. Pour à quoy remedier et donner aux diz habitans moyen de vivre en plus grand repos et assurance de leurs personnes et biens à l'advenir, ils nous ont fait suplier et requerir par nostre tres cher et et bien amé nepveu le grand prieur de France, sieur du dict Fontenay, qu'il nous plaise leur permettre faire clorre et fermer le dict village de Fontenay près Baigneux, et à ceste fin lever sur eulx la somme de six cens soixante six escus deux tiers en trois ans...

Cette fortification fut-elle exécutée ? Nous ne le pensons pas. Outre que vraisemblablement il en serait resté quelques vestiges, les guerres ne se terminèrent pas en 1588 ; elles reprirent autour de Paris, avec plus de violence encore que précédemment, l'année suivante par le siège de Paris, et l'on sait que de nombreux combats se livrèrent à Bagneux et dans la région avoisinante, où Henri IV campa à plusieurs reprises.

Encore un demi-siècle de calme, et Fontenay se trouve de nouveau bouleversé par les guerres de la Fronde, beaucoup plus meurtrières qu'on ne l'a cru. A la date de février 1653, le curé inscrit sur son registre de baptêmes, mariages et sépultures : « Il est à noter que tous les livres ayant été tous perdus durant les guerres, puis retrouvés par hasard, il y a quelques obmissions ou interpositions. »

Cependant, depuis l'année 1588, l'abbaye de Sainte-Geneviève avait aliéné presque complètement ses droits de seigneurie et de justice ; après avoir appartenu à Isabeau de Thou, la possession en passa dans la famille des Potier, marquis de Gesvres et de Trêmes, puis à Colbert en 1675, et après lui au duc du Maine et au comte d'Eu. La seigneurie resta ainsi dans la famille de sang royal jusqu'à la Révolution ; il y avait cependant quelques fiefs particuliers : en 1638, le 7 juin, puis en 1640, le 13 octobre, « messire Jean le Boullanger, conseiller au Grand-Conseil, seigneur en partie de Fontenay », figure comme parrain sur les registres d'état civil. A la même époque, le célèbre Scarron y possédait une maison de campagne que nous retrouverons tout à l'heure dans la famille Ledru-Rollin.

Au XVIIIe siècle, la famille Devin possédait un fief à Fontenay ; en 1759, « dame Catherine Marsollier, veuve de messire Jacques Devin, dame en partie de Fontenay-aux-Roses », fournit une bonne part de la dépense de construction d'un abreuvoir alimenté par la fontaine des Bouffrois (Arch. nat., S. 3554).

La Révolution commence. La commune est de celles qui ont la bonne fortune d'avoir conservé leurs registres de délibérations municipales depuis cette époque. A Fontenay, ils remontent au 10 mai 1789 ; Pierre Billard était alors syndic de la paroisse ; le premier maire élu fut Henri Fichet, au mois d'avril 1790. Dans ces délibérations, les grands événements politiques n'ont pour ainsi dire aucune place ; il n'y est question ni de la prise de la Bastille, ni de la Fédération, ni de la fuite du Roi, ni de la journée du 10 août, mais rien n'est plus curieux que de voir à quel point l'usage de la liberté fut nouveau et précieux pour ces paisibles campagnards et combien en quelque sorte ils s'en enivrèrent.

Le premier registre comprend, en très grand nombre, le règlement fait par le maire et les officiers municipaux, de rixes, de querelles, de menaces même, ou de simples questions relatives à l'agriculture ; ils s'y érigent en juges de tribunal, condamnent à l'amende, voire même à la prison, ou organisent ce que nous nommerions aujourd'hui un *referendum*. Le 30 septembre 1791, les habitants sont invités à voter sur la date à laquelle auront lieu les vendanges : 40 voix se prononcent pour le lundi 3 octobre ; 22 pour le samedi 1er. En conséquence, les vendanges sont fixées au 3 octobre, « avec défense à qui que ce soit d'y aller avant ledit jour indiqué, sous peine de confiscation desdites vendanges et ustensiles, et dix livres d'amende ».

Bien mieux, deux ans avant la loi sur le divorce, le maire, de sa propre autorité, prononce un divorce par consentement mutuel :

L'an mil sept cent quatre vingt dix, le mercredy huit septembre, à midy, sont comparus devant nous, en la chambre de la municipalité, Jean-Baptiste Bart, vigneron en cette paroisse, et Marie-Anne Poulain, son épouse, lesquels, après leur avoir fait toutes les remontrances possibles, nous ont demandé la désunion de leur ménage, et la séparation de leur communauté. Ledit Bart promet de ne jamais rien dire à sa femme ny de la frapper, et ladite femme Bart promet de ne jamais se transporter sur aucun terrain que son mary se réserve, moyennant qu'il s'oblige d'en payer la location, la taille et autres accessoires. A l'égard des enfants, les enfants seront libres de rester avec qui ils voudront, à la volonté de leurs père et mère. Et se sont retirés après avoir signé, à l'exception de ladite femme Bart, qui a déclaré ne savoir signer. Et ont été, accompagnés de Thérèse Bart, sœur dudit Bart, et de Marie-Anne Chevillion, femme de Étienne Benoist, sœur, faire leurs partages (*sic*). Et ladite femme Bart s'est retirée d'avec son mary sur le champ.

Signatures, dont celle du maire, Fichet.

Dans un autre ordre d'idées, il peut paraître surprenant que la maîtresse d'école ait eu besoin, pour se marier, de l'autorisation préalable du maire et du curé ; le registre nous l'apprend, cependant :

L'an 1791, le samedy 16 juillet, à midy, en l'assemblée de Messieurs les officiers municipaux et de Messieurs les notables et de M. le procureur de la commune, M. le maire a fait part à l'assemblée que Mlle Baloy, maîtresse des écoles des filles de cette paroisse, désiroit se marier, et MM. les officiers municipaux et MM. les notables y consentirent et M. le curé qui y consentoit, et ont signé...

La mairie conserve le texte de l'acte notarié du 15 mai 1791 par lequel « Antoine Petit, docteur régent et ancien professeur de la Faculté de médecine en l'Université de Paris, membre des Académies royales des sciences de Paris et de Stockolm, professeur d'anatomie et de chirurgie au Jardin du Roi, inspecteur des hôpitaux militaires du Royaume, demeurant à Paris rue et paroisse Saint-Victor », légua à la municipalité la maison de campagne qu'il avait fait bâtir sur un terrain lui appartenant, et qu'il venait de faire remettre à neuf, « tenant à gauche à celle qu'il occupe, à droite aux héritiers Drancy, par devant sur la rue, et sur le derrière à une grande salle propre à mettre un billard... », pour y loger un officier de santé, — et une somme de six mille livres destinée à l'exécution de sa fondation.

Le préambule de l'acte mérite d'être reproduit :

Fut présent M. Antoine Petit..... lequel a dit qu'on est, en général, assez d'accord que les hommes sont plus forts et vivent plus longtemps à la campagne qu'à la ville ; que, cependant, la différence relative à la longévité et à la force du corps est assez petite en raison des causes qui semblent devoir l'opérer et auxquelles on attribue d'ordinaire beaucoup de puissance et d'énergie. Cela lui a fait penser que si cette différence n'est pas considérable, c'est que les accidents et les maladies auxquels sont sujets les habitants de la campagne sont, le plus souvent, ou négligés dans leurs commencements, ou mal traités, ce qui fait qu'un grand nombre de ceux qu'on aurait pu sauver perdent la vie, tandis que par des soins donnés à temps et sagement administrés, on conserve à la ville ceux qui courent les mêmes dangers.

Ces considérations lui ont fait réfléchir aux moyens de procurer au village de Fontenay-aux-Roses, où il a passé une partie de sa vie, les avantages dont jouissent les villes, en y attachant un homme de l'art pour traiter gratuitement les pauvres habitants de ce village dans leurs infirmités et maladies dès que la nouvelle de leur indisposition lui aura été annoncée par un écrit ou mandat de M. le Maire de la municipalité du même lieu, espérant augmenter par ce moyen le nombre de ceux que la pureté de l'air, le régime, la température et la salubrité des nourritures conservent à la vie.....

Tout d'abord, la période de la Terreur passa à peu près inaperçue. Bien qu'on eût envoyé au directoire de Bourg-la-Reine tous les objets du culte qui pouvaient servir à la fonte d'un canon, à la date du 22 novembre 1793, le maire ouvrait un nouveau *referendum* sur la question de savoir si l'église resterait ouverte ou non aux fidèles. Sur 184 citoyens dont se composait la commune, 84 étaient absents ; 55 voix se prononcèrent pour le maintien de la liberté du culte, 45 pour la clôture de l'église ; il fut donc décidé qu'elle demeurerait ouverte. Mais, peu après, nous trouvons mention que « le temple » est désaffecté.

Le 30 novembre 1793, furent brûlés en place publique les titres féodaux que possédait et que remit lui-même à la commune « le citoyen Devin, ci-devant président de la Chambre des Comptes et seigneur en partie de la commune ».

Peu après, se place une des plus lamentables épisodes de cette dramatique époque : Condorcet, proscrit, sa tête mise à prix, avait réussi à s'évader de la capitale, sous un déguisement d'ouvrier, le 25 mars 1794 ; il se rendait à Fontenay-aux-Roses chez son ami Suard, écrivain connu, et sur le dévouement duquel il croyait pouvoir compter. Suard et sa femme étaient absents ; Condorcet se cacha pendant deux jours dans une carrière des environs et revint le surlendemain à 9 heures du matin. Suard l'accueillit bien, mais lui conseilla de sortir aussitôt, afin de ne pas attirer l'attention des gens qui, l'ayant vu entrer chez lui, ne l'en auraient pas vu sortir. Ici nous empruntons à l'excellent ouvrage du docteur Robinet sur Condorcet un passage des *Mémoires* de Mme Suard :

Condorcet avait demandé à M. Suard s'il pouvait lui donner un asile ; M. Suard lui dit qu'il lui sacrifierait volontiers sa vie, mais qu'il ne pouvait disposer de la mienne, qu'il allait m'en parler et qu'il savait bien, d'ailleurs, que j'étais disposée au même sacrifice. Il répondit : j'en suis bien sûr. Mais, lui dit M. Suard, nous habitons une commune détestable, et vous courriez vous-même le plus grand danger si je vous y retenais, n'ayant qu'une servante qui nous est suspecte ; j'espère cependant pouvoir vous garder une nuit, sans danger pour vous et pour ma femme. M. Suard ajouta qu'il allait partir pour Paris, qu'il verrait nos anciens amis et tâcherait de lui rapporter un passeport ; qu'il fallait qu'il revînt à huit heures du soir, le jour même, qu'il écarterait notre servante, qu'il passerait la nuit sous notre toit et pourrait, avec son passe-port, aller dans le lieu qui lui conviendrait le mieux.

Ce récit embarrassé déguise mal l'égoïsme, pour ne pas dire l'effroi de Suard et de sa femme en présence d'un ami devenu à ce point compromettant pour leurs propres existences. Condorcet n'avait pas à répliquer, il reprit sa course errante et déplorable. Trois heures après, il était arrêté dans une auberge de Clamart, victime de l'allure aristocratique qui contrastait avec ses vêtements. Serait-il revenu le soir frapper à la porte qui ne s'était qu'entr'ouverte pour lui le matin ? On l'ignorera toujours. Du moins, il n'est pas juste d'affirmer que Suard ne l'aurait pas hébergé, une fois la nuit venue. La fin de ce triste drame est connue ; l'infortuné philosophe fut conduit dans la geôle du directoire de district, à Bourg-la-Reine, et le lendemain on l'y trouva mort.

Le 9 thermidor suivant, Ledru, dit Comus, physicien du roi, plantait en signe d'allégresse, dans le jardin de sa propriété, qui est aujourd'hui l'asile Ledru-Rollin, les deux beaux cèdres que l'on y voit encore.

Ce Comus, si l'on en croit le *Dictionnaire des environs de Paris* publié, vers 1817, par P. Saint-A... était un personnage fort étrange. Quand son fils eut atteint dix-huit ans, il lui donna, bien que fort riche, un simple écu et l'invita à quitter la maison paternelle pour faire fortune comme il avait fait lui-même dans des conditions analogues. Le jeune homme partit pour Paris, y étudia la médecine et réussit à conquérir une modeste aisance. Plus tard, ayant, grâce à sa science, sauvé d'une grave maladie une dame fort riche, il l'épousa. La Révolution les ruina, et il fallut, pour vivre, reprendre la profession médicale. Cependant Comus vint à mourir, laissant une fortune considérable que son fils partagea avec ses deux sœurs. Il eut dans son lot la maison de Fontenay-aux-Roses. Quelle ne fut pas sa surprise un jour d'y trouver dans une cachette une fortune plus considérable que celle dont il avait hérité ! Il n'hésita pas à faire participer ses sœurs à la trouvaille, et ne se douta même pas, ajoute Saint-A..., de la noblesse de son procédé. Tels sont les principaux traits de la vie de M. Philippe Ledru, qui fut maire de Fontenay de 1813 à 1826.

Delort, dans ses *Voyages aux environs de Paris*, parus en 1821, donne une description de la maison de M. Ledru (tome I, p. 70) : «... J'entre, et le propriétaire, amateur distingué des beaux-arts, se fait un plaisir de me montrer tout ce qui peut intéresser ma curiosité. Il me conduit d'abord dans la chambre à coucher du poète original (Scarron). La première chose qui me frappe, c'est son portrait gravé en médaille, sur laquelle on lit :

J'ai vaincu la douleur par les jeux et les ris.

« A côté, je reconnais la figure de Mignard, peinte par lui-même et dont il fit présent à Mme de Maintenon, veuve alors de Scarron. Non loin de là, les aquarelles d'Isabey, toujours pleines de grâce et de fraîcheur, rajeunissent l'appartement. De la chambre à coucher, je passe dans un corridor où je trouve deux cartes géographiques faites par Scarron, et dont on aurait peine à s'imaginer l'originalité et le temps qu'il a fallu pour les dresser. »

En 1809, un sculpteur de grand talent, Pajou, mort à Paris, fut inhumé au cimetière de Fontenay. Sa sépulture a été transférée dans le cimetière actuel. Il en résulte qu'il avait une maison de campagne à Fontenay et que c'est d'elle qu'il est question dans une délibération du 15 août 1858 par laquelle le Conseil invite M. Pajou, propriétaire, Grande-Rue, n° 7, à produire le titre en vertu duquel la commune serait tenue de réparer un puits concédé par elle « à ses auteurs ».

Voici le texte, inédit jusqu'ici, de l'inscription funéraire de Pajou :

Cɪ-ɢɪᴛ
Aᴜɢᴜꜱᴛɪɴ Pᴀᴊᴏᴜ
ꜱᴛᴀᴛᴜᴀɪʀᴇ
Mᴇᴍʙʀᴇ ᴅᴇ ʟ'Iɴꜱᴛɪᴛᴜᴛ ᴇᴛ ᴅᴇ ʟᴀ Lᴇ́ɢɪᴏɴ ᴅ'ʜᴏɴɴᴇᴜʀ
ɴᴇ́ ᴀ Pᴀʀɪꜱ, ʟᴇ xɪx ꜱᴇᴘᴛᴇᴍʙʀᴇ MDCCXXX
ᴅᴇ́ᴄᴇ́ᴅᴇ́ ᴀ Pᴀʀɪꜱ ʟᴇ ᴠɪɪɪ ᴍᴀɪ MDCCCIX
Lᴇ ᴘʀᴇᴍɪᴇʀ, ᴅᴇᴘᴜɪꜱ ʟᴀ ꜰᴏɴᴅᴀᴛɪᴏɴ ᴅᴇ ʟ'Aᴄᴀᴅᴇ́ᴍɪᴇ,
ɪʟ ʀᴇᴍᴘᴏʀᴛᴀ ᴀ ᴅɪx ʜᴜɪᴛ ᴀɴꜱ ʟᴇ ɢʀᴀɴᴅ ᴘʀɪx ᴅᴇ ꜱᴄᴜʟᴘᴛᴜʀᴇ.
Sᴇꜱ ᴏᴜᴠʀᴀɢᴇꜱ ᴍᴜʟᴛɪᴘʟɪᴇ́ꜱ
ᴇᴛ ᴇɴᴛʀᴇ ᴀᴜᴛʀᴇꜱ ʟᴇꜱ ꜱᴛᴀᴛᴜᴇꜱ ᴅᴇ Bᴏꜱꜱᴜᴇᴛ, Tᴜʀᴇɴɴᴇ ᴇᴛ Pᴀꜱᴄᴀʟ
ʟ'ᴏɴᴛ ᴘʟᴀᴄᴇ́ ᴀᴜ ᴘʀᴇᴍɪᴇʀ ʀᴀɴɢ ᴘᴀʀᴍɪ ʟᴇꜱ ᴀʀᴛɪꜱᴛᴇꜱ.
Lᴀ ᴅʀᴏɪᴛᴜʀᴇ, ʟᴀ ɴᴏʙʟᴇꜱꜱᴇ, ʟᴀ ᴅᴏᴜᴄᴇᴜʀ ᴅᴇ ꜱᴏɴ ᴄᴀʀᴀᴄᴛᴇ̀ʀᴇ
ᴏɴᴛ ᴇ́ᴛᴇ́ ᴅɪɢɴᴇꜱ ᴅᴇ ꜱᴇꜱ ᴛᴀʟᴇɴꜱ.
Sᴇꜱ ᴇɴꜰᴀɴꜱ
ʟᴜɪ ᴏɴᴛ ᴇ́ʟᴇᴠᴇ́ ᴄᴇ ᴍᴏɴᴜᴍᴇɴᴛ ᴅᴇ ʟᴇᴜʀ ᴛᴇɴᴅʀᴇꜱꜱᴇ
ᴅᴇ ʟᴇᴜʀ ʀᴇꜱᴘᴇᴄᴛ
ᴇᴛ ᴅᴇ ʟᴇᴜʀꜱ ᴇ́ᴛᴇʀɴᴇʟꜱ ʀᴇɢʀᴇᴛꜱ.
Dᴇ ᴘʀᴏꜰᴜɴᴅɪꜱ.

Le village fut très éprouvé par l'invasion étrangère de 1815 ; du 2 juillet au 14 décembre, il eut à subir 28.710 journées de militaires, dont 1.815 d'officiers et 11.156 de chevaux, ainsi que nous l'apprend une délibération municipale du 4 mars 1816.

La situation financière de la commune, de 1815 à 1821, est exposée d'une façon assez lugubre dans une délibération du 29 mai 1822 relative aux travaux les plus urgents qu'il y avait lieu de faire :

Ces différents objets, dont l'urgence n'est malheureusement que trop publique, ne peuvent être établis ni réparés aux dépens de habitants de Fontenay-aux-Roses, dont la position affligeante depuis le séjour des alliés n'a fait que s'accroître.

En 1817, ils n'ont eu que de faibles récoltes en tous genres.

En 1818, les vendanges ont été presque nulles et les fruits ont manqué.

En 1819, la grêle du 6 juillet a détruit toutes les récoltes, haché les vignes, les arbustes et les arbres, et la trombe d'eau du 8 suivant a entraîné ce qui était resté sur terre. Sans l'heureux effet des pommes de terre, une partie des habitants eût été obligée d'aller loin de ses foyers chercher de quoi vivre, et nombre de petits propriétaires, pour se nourrir ainsi que leurs familles, ont vendu leur patrimoine.

En 1820, la rigueur de l'hiver et les faux dégels ont occasionné les plus grands ravages et les plus grandes pertes dans les pépinières où les semis ainsi que les arbres à pépins ainsi qu'à noyaux, greffés depuis quatre ans, ont été détruits. Les vignes ont beaucoup souffert, ainsi que les fraisiers.

En 1821, la quantité de chenilles et d'insectes de tout genre, malgré les soins des cultivateurs et la surveillance locale pour leur destruction, a été telle que les arbres à fruits rouges, qui sont d'un grand produit dans la commune, ont été entièrement dépouillés de leurs feuilles, même à la seconde pousse, ce qui a obligé les propriétaires, non seulement de les étêter et de les rapprocher, mais encore d'en arracher une grande partie, et les gelées de la fin de mai ont détruit l'espoir qu'on avait de vendre des fraises.

Cette année 1822 se présente sous des aspects plus flatteurs, si toutefois l'excessive chaleur ne nuit pas aux céréales et n'en arde pas le produit, et si les orages mêlés de grêle ne portent pas préjudice à la récolte ; mais, dans le cas où la Providence serait propice aux vœux des habitants, le résultat de leurs peines ne servira qu'à solder leurs contributions arriérées et donner des à compte à leurs propriétaires sur ce qu'ils leur doivent depuis plusieurs années.

La Révolution de 1830 passa inaperçue à Fontenay, du moins administrativement, c'est-à-dire qu'elle ne motiva ni changement dans la municipalité, ni manifestation approbative dont les délibérations nous auraient transmis l'écho.

Le 19 novembre 1848, le maire donna lecture de la Constitution républicaine, du haut d'une estrade dressée à cet effet devant l'église : « Le peuple, dit le registre, par des vivats mille fois répétés, a accueilli avec joie, avec bonheur, cette lecture. » La cérémonie se termina par un *Te Deum*.

Le 12 mai 1852 fut un jour de fête dans la commune. C'est celui où fut inauguré solennellement le petit collège de Sainte-Barbe, dit Sainte-Barbe-des-Champs. Les bâtiments étaient ceux d'un ancien château acheté par le collège, au mois de décembre de l'année précédente ; l'architecte Théodore Labrouste n'eut qu'à les approprier à leur destination scolaire. On sait que l'établissement, malheureusement abandonné par la vogue, a fermé ses portes à la fin de l'année scolaire 1898-1899. Il a été racheté à la fin de l'année 1899 par M. Joseph Brosse, pour le compte, dit-on, du collège Stanislas.

Vers 1860, le charme de Fontenay attira et retint, chaque été, un homme dont le nom honore grandement le commerce français, Aristide Boucicaut, fondateur des magasins du Bon Marché. A dater du 15 mai 1864, il est souvent mentionné dans les registres municipaux parmi « les plus imposés » et convoqué comme tel ; mais, soit que ses occupations ne lui en laissassent pas le loisir, soit pour toute autre cause, il ne se rendit jamais à ces convocations. Il n'en fut pas moins élu conseiller municipal, le 4 septembre 1870, le quatrième dans l'ordre des suffrages, et maire l'année suivante, mais il n'accepta pas ces fonctions, et tenant à rester simple conseiller municipal, il s'acquitta de son mandat avec beaucoup de zèle jusqu'à sa mort qui survint en 1877[1]. On sait avec quelle intelligence, avec quelle générosité, sa veuve, qui lui survécut dix ans, continua et couronna son œuvre ; Fontenay lui est redevable de la fondation d'un hospice (voy. p. 45) et de la construction, en 1879, par M. Boileau, architecte, du magnifique château qui appartient aujourd'hui à un industriel non moins connu, M. Lombart.

La néfaste guerre de 1870 fit cruellement souffrir le village. Dès le 19 septembre, les Prussiens y campaient, au soir du combat de Châtillon, et, fixés sur le plateau, ils s'y maintinrent jusqu'à la fin de la guerre dans une position inexpugnable. Les habitants avaient émigré, la municipalité aussi ; la mairie provisoire fut à Paris, rue de Sèvres, n° 20, c'est-à-dire dans l'immeuble même de M. Boucicaut auquel, le 19 mars 1871, le Conseil vota des remerciements « pour les services qu'il a rendus à la commune pendant la guerre ».

Après cette malheureuse période, Fontenay compta un hôte célèbre de plus, Ledru-Rollin, que l'Empire avait proscrit et qui revint terminer sa vie dans la maison familiale qu'il tenait de son oncle, la maison fameuse de Scarron et de Comus. Il y mourut, le 31 décembre 1874, à huit heures et demie du matin, « âgé de près de soixante-huit ans », dit son acte de décès, qui atteste que « Ledru - Rollin (Alexandre), député à l'Assemblée nationale, docteur en droit, était né à Paris, le 2 février 1807, de Jérôme-Alexandre Ledru et de Marie-Antoinette Gay ». Les déclarants étaient MM. Jean Badel, banquier à Paris et Adolphe-Léon Verdaveinne, rentier à Paris, le premier neveu, le second ami du défunt.

---

1. Par délibération du 26 décembre 1877, le Conseil municipal nomma une délégation composée du maire, de l'adjoint et de quatre conseillers municipaux pour assister à ses obsèques.

A la façade de la maison mortuaire, a été apposée l'inscription suivante, gravée sur une plaque de marbre :

LEDRU-ROLLIN

NÉ A PARIS LE 2 FÉVRIER 1807,

EST MORT DANS CETTE MAISON

LE 31 DÉCEMBRE 1874.

LE BUT CONSTANT DE SA VIE A ÉTÉ

LA FONDATION DE LA RÉPUBLIQUE,

PAR LE MOYEN DU SUFFRAGE UNIVERSEL

DONT IL FUT L'ORGANISATEUR EN 1848.

HOMMAGE DE SES CONCITOYENS.

. Le souvenir de cette noble figure s'est perpétué à Fontenay autrement que par une simple inscription. Quand, à son tour, Mme Ledru-Rollin mourut en 1880, elle légua à la Ville de Paris tous ses biens, meubles et immeubles. Voilà donc la maison de la rue de Bagneux appelée pour la quatrième fois, après Scarron, après Comus, après Ledru-Rollin, à jouer un rôle historique. La Ville de Paris en fit *l'asile municipal Ledru-Rollin* pour femmes enceintes et en couches, et l'inaugura le 4 août 1892. Dans un excellent article de *l'Assistance,* d'août 1892, M. Albin Rousselet a traité avec détails de l'institution et des bâtiments. Il décrit ainsi le cabinet de travail de Ledru-Rollin, dont on n'a pas changé la disposition : « Rien de bien luxueux dans ce cabinet. Le bureau du milieu est resté à sa place avec ses écritoires, ses plumes, ses crayons et tous les accessoires, tels qu'ils étaient à la mort du célèbre tribun. On y remarque trois poignards ! Sur des bibliothèques basses, sont dispersés des notes, des journaux, des boîtes de pistolets et quelques bibelots. Enfin, on remarque le buste de Ledru-Rollin en marbre, et le moulage en plâtre de sa tête, fait après sa mort..... »

Tandis que, de l'autre côté du vallon, Sceaux est le lieu de pèlerinage des poètes provençaux, des félibres, à la tombe de Florian, les poètes du Nord, les Rosati, poètes du Nord, ont choisi Fontenay-aux-Roses, — pouvaient-ils mieux trouver ? — comme lieu de ralliement pour leur fête d'été. Depuis 1893, ils y viennent, un dimanche de juin, prononcent des discours en prose et en vers devant le buste de La Fontaine élevé sur la place de l'Église, et, le soir, se réunissent en un banquet dans le parc de Sainte-Barbe, laissé gracieusement à leur disposition.

II. — MODIFICATIONS TERRITORIALES ET ADMINISTRATIVES

Administrativement, Fontenay-aux-Roses, étant si voisin de Sceaux, a toujours fait partie de la double circonscription, sous-préfectorale et cantonale, ayant cette ville pour chef-lieu.

Lorsque, sous le règne de Louis-Philippe, il fut question de déposséder Sceaux de la sous-préfecture que l'on ne trouvait pas suffisamment au centre de l'arrondissement, le Conseil municipal de Fontenay émit, le 8 février 1835, un vœu formel pour le *statu quo*. Et lorsque la suppression des sous-préfectures du département fut mise à l'enquête, il se prononça à l'unanimité, moins une voix, le 11 mars 1877, pour leur maintien.

Le même esprit de conservation se retrouve à propos du chef-lieu de canton. Le 14 février 1879, le Conseil municipal repoussa le vœu formulé par la commune de Vanves de la création d'un canton dont feraient partie, avec Vanves pour chef-lieu, Fontenay, Montrouge, Issy et Clamart. Le 26 février 1888, il se déclara peu favorable à toute mesure qui aurait pour effet d'amoindrir le canton de Sceaux. Enfin, le 24 mai 1891, il n'opposa aucune objection au projet de circonscription de ce canton tel que le présentait la Préfecture et que le consacra la loi du 12 avril 1893.

III. — ANNALES ADMINISTRATIVES. — LISTE DES MAIRES

Culte. — Les Archives nationales contiennent (S. 3554) quelques documents sur la paroisse de Fontenay sous l'ancien régime : le 23 avril 1640, la Chambre souveraine établie par le Roi pour le recouvrement des droits d'amortissement, considérant la pauvreté de la fabrique, modère la taxe de 110 livres à 27 livres, et l'impôt des deux sols par livre est réduit dans les mêmes proportions. En 1715, le bailli de Fontenay est saisi d'une plainte portée contre deux marguilliers qui fouillent sans scrupules dans les archives. Un document de 1728 (4 mai) donne comme total des revenus de la fabrique 946 livres, 5 sols.

Voici maintenant un acte intéressant sur la situation du culte à l'issue de la Révolution :

Le 25 floréal an XI de la République, le Conseil de la commune de Fontenay assemblé aux lieux de la marie, sur les lettres du citoyen sous-préfet en date des 15 germinal et 12 floréal an XI relativement au logement, ameublement et traitement des curés et desservants, et sur la convocation dudit Conseil par le citoyen d'Ébeine, maire de ladite commune, a arrêté qu'il serait alloué au desservant une somme de 5oo francs par an, pour par ledit desservant pourvoir à son logement, à son ameublement et à son traitement, et attendu qu'il n'existe dans ladite église aucune fondation, le Conseil a arrêté que ladite somme de 5oo francs serait prélevée sur les centimes additionnels des impositions tant foncières que personnelles, mobilières et somptuaires. Le Conseil, après avoir fait la vérification des lieux et le besoin urgent de réparations, a estimé que lesdites réparations monteraient au moins à 2.000 livres.

Au budget de 1813, nous trouvons inscrites les sommes suivantes :

Logement du desservant, 200 francs; entretien de l'église, 5o francs.

Enfin, à la séance du 14 mai 1882, l'assemblée municipale fut informée officiellement par le Conseil de fabrique de la nécessité de créer un vicariat dans la paroisse, et lui donna acte de cette communication, aucune dépense ne devant en résulter pour la commune.

Instruction. — Le 22 mai 1859, le Conseil, constatant l'impossibilité où était l'institutrice laïque de continuer ses fonctions en raison de ses infirmités, fit choix, pour donner l'instruction aux filles, des sœurs de Saint-Vincent-de-Paul qui avaient déjà dans la commune une école libre.

L'asile communal, également confié aux religieuses de Saint-Vincent-de-Paul, fut ouvert en 1869. Une délibération du 7 février fixa le traitement de la directrice et d'une surveillante à 1.000 francs.

Sage-femme. — Le 4 nivôse an VIII (25 décembre 1799), l'administration municipale du canton de Châtillon donna à la citoyenne Victoire Morin l'autorisation d'exercer la profession de sage-femme à Fontenay, « vu le certificat de la citoyenne veuve

Lachapelle, sage-femme en chef de l'hospice de la Maternité de Paris » (Archives de la Seine, L. IV).

Secrétaire de mairie.— Jusqu'en 1866, l'instituteur remplissait les fonctions de secrétaire de la mairie, avec un traitement de 600 francs par an pour cet objet. Une délibération du 27 septembre 1866 rendit les deux emplois distincts et alloua au secrétaire de la mairie un traitement annuel de 1.200 francs.

Octroi. — A la date du 12 mai 1824, le Conseil municipal se préoccupa de créer un droit d'un centime par litre de vin consommé dans la commune ; mais, sur les observations que lui fit le sous-préfet prouvant que les frais de perception absorberaient presque entièrement le produit, le projet fut abandonné à la séance du 5 mai 1825. Plus tard, le 3 octobre 1838 et le 4 août 1839, le Conseil refusa à l'unanimité de créer un octroi dans la commune.

Poste aux lettres. — Une délibération du 24 janvier 1824 nous apprend qu'à cette date le service de la poste avait son bureau central à Montrouge qui effectuait, chaque jour, deux distributions et deux levées. Le Conseil se déclara satisfait de cet état de choses et en demanda le maintien ; il protestait seulement « contre les cinq centimes par lettre que reçoit le facteur-piéton indépendamment de la taxe portée pour chacune de ces lettres ».

Pompe à incendie. — Par délibération du 15 mai 1845, fut voté un crédit de 200 francs pour l'acquisition d'une pompe à incendie, en raison de « l'avantage inappréciable qu'il y aurait pour la commune à en posséder une ».

L'acquisition ne se fit pas cependant tout de suite, car nous trouvons la même délibération renouvelée le 14 novembre 1847.

Éclairage des rues. — Le 10 mai 1835, fut décidée l'installation de trois réverbères dans la Grande-Rue. La délibération portait que « la commune est composée de cultivateurs laborieux qui, pour la plupart, sont occupés une partie de la nuit à préparer et à transporter la production du sol à la Halle de Paris ».

*Viabilité.—Noms des rues.—*On nomme la Cavée, à Fontenay, cette brusque dépression de terrain qui s'étend au Sud de la rue principale du village. Le 10 mai 1833, l'attention du Conseil municipal fut attirée sur le danger qu'offrait cette sorte de précipice situé « en contre-bas de plus de vingt pieds de la route », et émit le vœu que des barrières ou des garde-fous y fussent établis.

Il résulte d'une délibération du 7 février 1836 qu'à cette époque la place de l'Église fut nivelée pour la première fois et plantée de dix-huit tilleuls. Son alignement actuel ne date que de 1850.

La place de la Mairie fut constituée par l'acquisition de 3.000 mètres superficiels de terrain appartenant à M. Pillault-Laboissière, le 2 juillet 1865.

Par délibération du 2 août 1868, la Grande-Rue (rue Boucicaut) fut élargie grâce à la mise à l'alignement de la propriété de Mme Chavanon. L'indemnité due à cette dame était de 5.000 francs, sur lesquels le maire, M. Jacquemin, donna personnellement 1.666 fr. 66 centimes, c'est-à-dire le tiers de la somme.

A la date du 12 février 1875, le Conseil décida que la rue du Plessis-Piquet prendrait le nom de rue des Écoles, et que le nom de rue de Bagneux serait donné à la partie de la rue de Diane comprise entre la Grande-Rue et la rue de Bagneux.

D'accord avec la municipalité de Châtillon, la Voie Pierreuse, limitrophe entre les deux communes, reçut le nom de rue du Plateau en 1884 (délibération du 21 décembre).

Le 18 mai 1885, le Conseil décida de donner le nom de rue Ledru-Rollin à la partie de la Grande-Rue comprise entre la rue de Bagneux et l'avenue de Sceaux, mais cette délibération ne fut pas ratifiée par l'autorité supérieure. Depuis, ce nom a été donné à l'ancienne rue de la Cavée qu'une délibération du 30 novembre 1890 avait dénommé rue du Val-Content.

Par arrêté municipal du 26 décembre 1887, la Grande-Rue a reçu le nom de rue Boucicaut.

Une délibération du 21 août 1894 a modifié de la façon suivante certains noms de rues de Fontenay :

Noms anciens	*Noms nouveaux*
Chemin vicinal de Bourg-la-Reine.	Rue Rémy-Laurent.
Route de Bourg-la-Reine.	Avenue de Bourg-la-Reine.
Rue de Diane.	Rue Blanchet.
Route départementale 72. (actuellement chemin de grande communication).	Avenue de Robinson.
Place de la Cavée.	Place Carnot.
Chemin des Clos.	Rue de la Gare.

MAIRES DE FONTENAY-AUX-ROSES

FICHET, Henri. 1790-1791.
CHAILLOUX, Jean-Baptiste. Élu le 13 novembre 1791. Aussitôt démis-
  sionnaire.
ROYER, Silvain. Élu le 27 novembre 1791.
CORROY, Toussaint. Élu le 17 mars 1793.
ÉBEINE, Louis (d'). An XI-1812.
LEDRU, Jacques-Philippe. 1813-1826.
MORIN. 1826-1830.
LEVASSEUR, Henri-Laurent. 1830-1839.
BENOIST, Jean-Denis. 1839-1842.
CHEVILLION, Joseph-Jean-Louis. 1843-1845.
COLLIN, Jean. 1846-1865. Démissionnaire [1].
TRÉBUCHET, Adolphe. Août-octobre 1865. Mort en fonctions.
JACQUEMIN, Claude-Hippolyte. 1865-1869 [2].
BOUCICAUT, Aristide. Élu le 13 août 1871. Démissionnaire.
BLANCHET, Marie-Parfait-Alphonse. 1872-1892. Démissionnaire [3].
DOYEN, Édouard-Prosper. 1892-1896. Mort en fonctions.
LOMBART, Jules. 1896. Démissionnaire la même année.
MARTINE, Gustave-Adolphe. 1896-1900.
MAZOYER, Philibert-Émile. Élu le 19 mai 1900.

IV. — MONUMENTS ET ÉDIFICES PUBLICS

Mairie. — En 1789, les municipalités, composées d'un très
petit nombre de membres, n'avaient pas besoin d'un local spécial
pour leurs délibérations. La nouvelle organisation administrative
qui convoquait tous les « citoyens actifs » à l'élection des officiers
municipaux, exigea pour cette élection, ainsi que pour toutes les

1. Pendant la fin de l'année 1845 et une partie de l'année 1846, M. Rou-
thier (Guillaume) est mentionné comme faisant fonctions de maire.

2. De 1869 à 1871, la mairie fut administrée provisoirement d'abord par
M. Bazin, qui donna sa démission le 17 février 1871, puis par M. Martine
(Eugène).

3. Les funérailles de M. Blanchet, si longtemps maire et en même temps
directeur érudit de Sainte-Barbe des Champs, furent faites aux frais de la
commune. Le crédit, qui fut voté à cet effet le 5 juin 1894, atteignait
1.025 francs.

assemblées générales, un emplacement suffisamment vaste. Presque partout on choisit, à cet effet, l'église. Ce fut le cas à Fontenay-aux-Roses ; mais, en outre, les officiers municipaux se réunirent pour régler les affaires administratives, dans un local que les registres nomment « greffe » ou « chambre » de la municipalité.

Au budget de 1811, le plus ancien qui nous soit parvenu, est inscrite la somme de 40 francs pour « location de la maison commune ». Il en est ainsi jusqu'au budget de 1822, qui élève la somme à 50 francs. Cette somme est maintenue jusqu'en 1831 ; le budget de 1832 porte 100 francs.

A la séance du 14 novembre 1847, le maire déplora l'insalubrité de la salle de mairie, mais constata qu'il lui avait été impossible d'en trouver une autre. Le Conseil opina qu'il y aurait lieu d'utiliser la deuxième salle des écoles, en maintenant les enfants réunis dans une seule pièce, en attendant que la commune ait les ressources nécessaires pour la construction d'une mairie. Cette délibération ne fut cependant pas appliquée ; les budgets continuèrent à porter mention du crédit de 100 francs par an ; mais, le 31 août 1851, le Conseil ayant décidé de donner congé à Mme Levasseur, propriétaire du local, et d'exécuter sa délibération de 1847, le crédit disparut définitivement.

Par délibération du 13 novembre 1853, M. Naissant, architecte de l'arrondissement de Sceaux, était invité à s'occuper le plus tôt possible de dresser les plans d'un hôtel de mairie à construire sur l'emplacement de l'ancien cimetière (voy. p. 28) ; les plans, ainsi que le devis s'élevant à 40.081 fr. 43, furent adoptés à la séance du 6 février 1856, et confirmation de ce vote donnée le 15 août 1859. A cet effet, le Conseil dut voter une surimposition extraordinaire de 20 centimes pendant quatre ans, qu'en 1860, le 23 septembre, il prolongea d'une durée inégale. La dépense totale fut, d'ailleurs, bien supérieure au devis primitif,

Église. — Nous avons dit plus haut que la première église datait de la fin du XIIIe siècle ; elle fut presque entièrement reconstruite vers 1550, et subsista ainsi, avec les indispensables réparations, jusqu'au règne de Louis-Philippe. Déjà, sous la Révolution, les commissaires de l'administration des domaines avaient constaté l'état de dégradation dans lequel se trouvait l'édifice ; au cours d'une visite, faite le 14 thermidor an IV (1er août 1796), ils déclaraient qu'il était entièrement salpêtré, que le plafond de la nef était lézardé et en partie écroulé, que la couverture de la tour avait été très endommagée « par le feu du ciel », ainsi qu'une partie de la couverture de la nef et des bas côtés. Ils concluaient à la démolition totale du monument « pour éviter les accidents que sa chute pourrait entraîner » (Arch. de la Seine, L. 832).

On n'en fit rien, cependant. Il est probable, sans que nous en ayons retrouvé la preuve, que de nouvelles réparations provisoires furent faites. Ce n'est pas à un édifice menaçant de s'effondrer qu'on eût songé à faire une libéralité comme celle que mentionne en ces termes le registre des délibérations municipales :

« L'an 1811, le 8 avril, s'est présenté, à la mairie de Fontenay-aux-Roses, le sieur Adrien Roger, cultivateur, célibataire, demeurant en cette commune, lequel nous a déclaré qu'il était dans l'intention de faire présent d'un coq pour être posé au bout de la flèche du clocher de l'église de la susdite commune, ce qu'il a effectué le 11 dudit mois, de quoi il a demandé copie de l'acte, que nous lui avons délivré les jour, mois et an que dessus. »

Le 30 décembre 1832, le Conseil municipal décidait la reconstruction complète de l'église, c'est-à-dire l'édification d'une église neuve sur l'emplacement de l'ancienne. Les plans et devis dressés par l'architecte Molinos furent adoptés. Les travaux durèrent environs deux ans, pendant lesquels le service paroissial se fit dans un local provisoire ; à la date du 8 février 1835, nous trouvons une délibération réglant à 300 francs le loyer dû pour cette salle jusqu'au 1er décembre 1834. L'église, une fois achevée, fut examinée par le célèbre architecte Visconti, qui constata que l'entrepreneur avait employé des matériaux très insuffisants ; des réfections importantes durent être faites, ainsi que l'attestent des délibérations du 4 octobre 1835 et du 31 janvier 1836, dont les considérants sont sévères pour cet entrepreneur. Tel est l'historique du bâtiment de l'église actuelle de Fontenay. Dans son recueil des *Inscriptions de l'ancien diocèse de Paris*, Guilhermy donne (t. III, p. 554) l'inscription de l'ancienne cloche qui reste le seul souvenir de l'édifice précédent. On y lit que cette cloche a été bénie en 1743 par Mathurin Danet, curé de la paroisse, et nommée Marie par le chapitre de la cathédrale de Paris, seigneur de l'église, représenté par Pierre Pelart, avocat au Parlement, prévôt de Bagneux et de Fontenay et par demoiselle Marie-Augustine Dupont. Les fondeurs étaient L. Gaudiveau et A. de la Paix.

Cimetière. — Ainsi que nous l'avons dit à propos de la mairie, ce monument occupe une partie de l'emplacement de l'ancien cimetière. Le 8 novembre 1846, le Conseil municipal nommait une commission chargée de « s'occuper de la translation du cimetière communal dans un endroit plus convenablement choisi ». L'emplacement de la nouvelle nécropole fut choisi le 14 février 1847, mais l'acquisition ne se fit qu'en 1849, et l'ouverture eut lieu en 1850. A la date du 10 mai 1857, la municipalité abandonna au service des ponts et chaussées une partie du terrain de l'ancien cimetière pour l'élargissement de la route départementale 57 (actuellement chemin de grande communication 74), et, le 15 août suivant, elle ouvrit un crédit de 100 francs pour les frais de labourage et de mise en culture du reste du terrain disponible. Le nouveau cimetière a été agrandi en 1873 (voy. les délibérations des 9 octobre 1869 et 11 mai 1873).

Presbytère. — Il existe aux Archives de la Seine (L. IV) un acte du 12 messidor an IV (30 juin 1796) portant vente à « Jacques Brival, représentant du peuple, demeurant à Paris, rue Honoré, maison des ci-devant Pages », du presbytère de Fontenay, situé sur la place de l'Église, le tout formant un arpent douze perches, évalué par les experts à 17.400 livres, et qui lui fut vendu, en effet pour cette somme.

Hospice Boucicaut. — Une délibération du 9 février 1884 exprime à Mme Boucicaut la gratitude du Conseil pour l'acquisition qu'elle vient de faire d'un terrain destiné à la construction d'un hospice où seront reçus dix vieillards de Fontenay, hommes ou femmes.

Buste de La Fontaine. — Le buste de La Fontaine, élevé sur la place de l'Église, porte cette inscription, très simple :

A

LA FONTAINE
LES ROSATI

—

1894

BIBLIOGRAPHIE

L'abbé Lebeuf, *Histoire du diocèse de Paris*, t. III, pp. 559-565 de l'édition de 1883.

Sainte-Barbe-des-Champs. Inauguration du petit collège de Sainte-Barbe à Fontenay-aux-Roses, le 13 mai 1852 ; *Paris*, impr. Duverger, 1852, in-12 ; 30 pp.

Rousselet (Albin), les Asiles pour les femmes enceintes et relevant de couches [à propos de l'inauguration de l'asile Ledru-Rollin]. Extrait de *l'Assistance*, août 1892 ; *Paris*, 1892, in-8.

Fernand Bournon

RENSEIGNEMENTS

ADMINISTRATIFS

I. — TOPOGRAPHIE, DÉMOGRAPHIE ET FINANCES

§ I. — TERRITOIRE ET DOMAINE

A. — TERRITOIRE

Nom. — Fontenay-aux-Roses.

Dénomination des habitants. — Fontenaisiens.

Armoiries. — La commune ne possède pas d'armoiries [1].

Limites du territoire. — La commune de Fontenay-aux-Roses, pittoresquement située sur le versant Sud du plateau de Châtillon, dans une situation privilégiée, au milieu de la verdure et des roses, est bornée :

---

1. L'*Inventaire des sceaux* de Douët d'Arcq mentionne sous le n⋅ 2.206 le sceau d'Adam de Fontenay, chevalier en 1262 ; il représente un chien courant à droite, par devant un arbuste fleuri ; bien qu'il y ait de fortes présomptions pour qu'il s'agisse du Fontenay qui nous occupe, le doute reste permis. Chez M. Venteclef, pépiniériste, rue Boucicaut, on voit aussi dans un bâtiment sur la cour, incrustée au-dessus de la porte d'un bâtiment moderne, une pierre sculptée de la meilleure époque de la Renaissance et qui provient d'un édifice antérieur dont c'est le seul vestige ; elle représente un écu de... à trois besants ou tourteaux... casque avec lambrequins sommé d'un hercule à mi-corps ; tenants : deux hercules. Ces figures, quoique un peu mutilées, sont d'une finesse et d'une délicatesse de sculpture absolument remarquables et sont certainement de la même époque.

Au Nord, par Châtillon;
A l'Est, par Bagneux ;
Au Sud, par Sceaux ;
A l'Ouest, par Le Plessis-Piquet et Clamart.

Quartiers, hameaux, écarts.— Le pays ne forme qu'une seule agglomération assez étendue et que le nouveau tracé du chemin de fer tend à reculer vers le Sud et l'Est.

Lieux dits.— La Tour de Crouy, les Champarts, les Épinettes, le Fond des Grouins, les Petites Plâtrières, le Chemin du Moulin, la Porte à Marie Magdeleine, la Lampe, la Plaine, le Fait du Val Content, les Girouens, les Moitiés, les Saints Sauveurs, les Marnières, la Plaine des Rosiers, Belle Vue, les Richardes, les Sorrières, les Basses Sorrières, la Roue, la Conche, la Fosse Bazin, les Vaux Robert, les Parouseaux, les Toulouses, Clos des Chevillons, les Mollins, les Buffets, les Renards, les Sablons, les Bouffrais, Fontaine du Moulin, les Couloirs, Fontaine aux Prêtres, Chanteclou, les Paradis, Moulin Piquet, les Clanards, les Glisières.

Superficie de la commune.— La superficie actuelle du territoire est de 262 hectares, dont :

Propriétés bâties	83 h.
Propriétés non bâties	179 h.
Total égal	262 h.

Arrondissement.— Sceaux.

Canton.— Sceaux.

Circonscription électorale législative. — 4e circonscription de l'arrondissement de Sceaux.

Sectionnement électoral.— Pas de sectionnement,

Bureau de vote.— Un seul bureau de vote, à la mairie.

Circonscription de commissariat.— Commissariat de police de Sceaux.

Orographie.— Point le plus élevé au-dessus du niveau de la mer : 160 mètres (le plateau où est situé le fort, dit de Châtillon, à l'angle Nord-Ouest du territoire de la commune).

Point le plus bas : 60 mètres (la partie Sud-Est de la commune). L'altitude a été repérée, à la mairie, à la cote 120,7.

Hydrographie.— Le ruisseau de la Fontaine du Moulin prend naissance à Fontenay-aux-Roses, forme limite entre cette commune et celle de Sceaux, puis entre celle-ci et Bagneux, sur une longueur de 300 mètres, et parcourt souterrainement Bourg-la-Reine avant de se jeter dans la Bièvre.

Sa longueur sur Fontenay-aux-Roses est de 1.970 mètres.

DÉSIGNATION des COURS D'EAU	LOCALITÉS du département situées SUR LES COURS D'EAU	LIMITES dans le département DES COURS D'EAU ou de leurs sections		LONGUEURS comprises dans le DÉPARTEMENT		LARGEUR MOYENNE des cours d'eau ou de leurs sections	PENTE TOTALE par cours d'eau ou par section	SURFACE DU VERSANT de chaque cours d'eau dans le DÉPARTEMENT
		A L'AMONT	A L'AVAL	PAR SECTION	PAR cours d'eau			
				mèt.	mèt.	mèt.	mèt.	m. car.
Ru de la Fontaine du Moulin .	Fontenay-aux-Roses, Sceaux, Bagneux, Bourg-la-Reine . .	Fontenay-aux-Roses .	Bièvre....	2.800	2.800	0,75	46,81	»

B.— DOMAINE

Mairie.— La mairie est située rue Boucicaut, au fond d'une cour sablée, séparée de la rue par une grille ; c'est un bâtiment simple d'aspect, à trois étages, avec trois fenêtres de façade ; il comprend, au rez-de-chaussée, le cabinet du maire, le cabinet et l'appartement du secrétaire ; au 1er étage, la salle des mariages, qui sert en même temps de salle du Conseil, porte sur des tables de marbre, apposées au mur, les noms des bienfaiteurs de la commune ; on y trouve, en outre, la bibliothèque communale et une salle de commissions.

Construite, en 1860, sur l'emplacement de l'ancien cimetière, la mairie a coûté 88.000 francs ; elle est propriété communale.

Écoles.— L'école des garçons est située rue des Écoles ; elle date de 1876 et a coûté 48.432 fr. 50.

L'école des filles et l'école maternelle sont situées place de l'Église ; la première date de 1886 ; la dépense s'est élevée à 3o.673 fr. 93 ; l'école maternelle date de 1868 et a coûté 25.ooo francs.

Église. — L'église, sous le vocable de Saint-Pierre et Saint-Paul, est située place de l'Église ; c'est une construction sans grand caractère architectural, surmontée d'un clocher et qui date de 1832-1834. L'intérieur se compose d'une nef aux bas côtés séparés par des colonnes et d'un chœur rectangulaire. Un certain nombre de tableaux anciens ont été marouflés sur les murs mêmes et forment une décoration intéressante.

L'autel, en bois sculpté du style Louis XVI, est assez remarquable.

A gauche de l'église, la société des Rosati a fait élever au fabuliste La Fontaine un buste en bronze vert sur un piédestal de pierre.

Il n'y a ni *temple* ni *synagogue.*

Presbytère. — Le presbytère se trouve place de l'Église ; il a été donné à la commune, le 19 mai 1838, par M. et Mme Fournier, qui ont ajouté une somme de 2.ooo francs pour les réparations.

Cimetière. — Le cimetière actuel est rue des Pierrelais ; il date de 186o ; sa superficie est de 1.28o mètres ; il a été agrandi en 1873 au moyen d'un legs de 1o.ooo francs fait à la commune.

Il contient la tombe du statuaire Pajou.

Un caveau dépositoire, ouvert en 1888, a coûté 5oo francs.

Tombe militaire. — Un terrain entouré d'une grille en fer contient les corps des soldats français et allemands tombés sur le territoire de la commune pendant la guerre de 187o-1871.

Hospice. — Mme Boucicaut, morte en décembre 1887, a laissé à la commune, par testament du 16 décembre 1886, un hospice qu'elle avait fait construire rue de Sceaux ; il est destiné à recevoir 9 vieillards de chaque sexe, habitant la commune. En plus de l'immeuble, la bienfaitrice a légué une somme de 5oo.ooo francs pour l'entretien de sa fondation.

Morgue.
Dispensaire.
Fourneau économique. } La commune n'a aucun de ces
Théâtre. établissements.
Abattoir.
Fourrière.

Marché.— Uu marché découvert se tient place de la Mairie le mardi et le samedi de chaque semaine (arrêté préfectoral du 19 janvier 1881).

Terrains communaux.— Un champ loué 12 francs par an.

Fort.— Le fort de Châtillon, situé sur le territoire de Fontenay-aux-Roses, occupe une superficie de 13 h. 54 a. 50 centiares. Il a été construit, pour partie, après la guerre franco-allemande en exécution de la loi du 27 mars 1874 et du décret du 20 décembre 1875 ; en temps ordinaire, il n'est occupé que par une compagnie d'infanterie de ligne.

§ II. — DÉMOGRAPHIE

A.— POPULATION

Les dénombrements faits depuis 1801 donnent les résultats suivants :

1801.	696 [1]
1817.	704
1831.	1.021
1836.	967
1841.	1.096
1846.	1.076
1851.	1.176
1856.	1.169
1861.	2.157
1866.	2,386

1. Un siècle auparavant, en 1709, lors du dénombrement des paroisses de la Généralité de Paris, la population de Fontenay-aux-Roses ne comprenait que 130 feux (*Appendice* (p. 428) *au Mémoire de la Généralité de Paris pour l'instruction du duc de Bourgogne,* publié dans la collection des Documents inédits de l'Histoire de France, par M. de Boislisle).

        1872.   2.362
        1876.   2.924
        1881.   2.849
        1886.   2.935
        1891.   2.652
        1896.   3.343

Le chiffre de la population a presque quintuplé, et la création, depuis 1892, d'une nouvelle gare plus rapprochée de l'agglomération, ainsi que la mise en exploitation du tramway de Châtenay, ne peuvent que faciliter encore un accroissement déjà très marqué.

Les tableaux dressés à la suite du dernier recensement contiennent les résultats suivants :

Population résidente : 3.343 habitants.

        Résidents présents . . . .   2.881 ⎱
            —   absents . . . .   17 ⎬ 3.343 habitants
        Population comptée à part . . . .   445 ⎰

La population *recensée comme présente*, le 29 mars 1896, se décompose ainsi :

	ENFANTS ou célibataires	MARIÉS	VEUFS	DIVORCÉS	TOTAL
Hommes.............	867	620	66	10	1.563
Femmes	935	609	230	6	1.780
	1.802	1.229	296	16	3.343

La population de Fontenay-aux-Roses, au point de vue de la provenance, se divise ainsi :

30/38es d'habitants venus de divers points de la France ;

7/38es d'habitants nés à Fontenay-aux-Roses ;

1/38e d'Alsaciens et d'étrangers.

Le classement de cette population par nationalité est résumé dans le tableau suivant :

		HOMMES	FEMMES	TOTAL
Français {	Nés de parents français............	1.499	1.723	3.222
	Naturalisés	16	17	33
Étrangers {	Anglais..................	4	5	9
	Américains	6	4	10
	Allemands....................	5	8	13
	Belges.......................	7	12	19
	Luxembourgeois................	1	2	3
	Italiens......................	2	1	3
	Espagnols....................	3	3	6
	Suisses	11	3	14
	Russes.......................	1	1	2
	Roumains....................	8	1	9
		1.563	1.780	3.343

Les départements de la France qui fournissent à la commune le plus fort contingent sont :

Seine (non compris Fontenay-aux-Roses).   756 habitants
Seine-et-Oise   115   —

En résumé, la population de Fontenay-aux-Roses est ainsi répartie d'après le lieu de naissance :

Français . . . . 3.255 dont. . . . . 535 nés dans la commune.
Étrangers. . . . 88 dont. . . . . » —
Soit un total de. . 3.343 habitants, dont 535 nés dans la commune.

Dans l'année 1899, l'état civil a enregistré :

64 naissances ;
76 décès ;
19 mariages ;
2 divorces.

B.— HABITATIONS

Nombre de maisons : 542.

Habitations composées d'un rez-de-chaussée 3
—   d'un étage. 333
—   de deux étages 171
—   de trois étages 35
               Total 542
dont . . . . 474 occupées
et . . . . 68 vacantes.
Nombre de logements : 952, occupés par . . . . 203 isolés.
et . . . . 749 familles.
15 ateliers, 28 magasins ou boutiques

C. — DIVERS

Électeurs inscrits en 1901.— 781.

Recrutement.— 17 conscrits ont tiré au sort en 1901.

Chevaux.— 179 chevaux appartenant à 86 propriétaires.

Chevaux entiers.	58 dont	3	au-dessous de 6 ans
Chevaux hongres	71 dont	2	—
Juments	50 dont	4	—
Totaux	179 dont	9	au-dessous de 6 ans

Voitures.— 117 voitures appartenant à 80 propriétaires :

61 à 2 roues, attelées	de 1 cheval
21 — —	de 2 chevaux
32 à 4 roues, attelées	de 1 cheval
3 —	de 2 chevaux
Total . . . 117	

§ III. — FINANCES

A. — CONTRIBUTIONS

Principal des contributions directes en 1901 :

Contribution foncière.	11.321 »
— personnelle et mobilière	13.320 »
— des portes et fenêtres.	6.049 »
— des patentes.	5.217,67
Total. . . .	35.907,67

Perception des contributions.— La commune dépend de la perception de Sceaux où les bureaux sont ouverts, rue Florian, de 9 heures à 3 heures ; de plus, le percepteur de cette circonscription se tient à la mairie de Fontenay-aux-Roses, le 1er et le 3e lundi de chaque mois, de 11 à 3 heures.

B. — OCTROI

Il n'y a pas d'octroi dans la commune.

C. — FINANCES COMMUNALES

Recettes ordinaires d'après le compte de 1899.	58.117,65
— extraordinaires — — .	9.874,19
Total. . . .	67.991,84 [1]
Dépenses ordinaires d'après le compte de 1899.	50.001,41 [2]
— extraordinaires — — .	88.171,55 [2]
Total. . . .	138.172,96 [3]

Les dépenses ordinaires se répartissent entre les principaux services de la manière suivante :

1° Administration et police	10.925,81
2° Voirie.	19.074,72
3° Bienfaisance.	3.242,34
4° Enseignement	5,098,16
5° Dépenses diverses	8.755,27

Emprunts. — Un décret du 17 novembre 1884 a autorisé la commune à contracter avec la Caisse des chemins vicinaux un emprunt de 12.000 francs, remboursable en 30 années, pour la construction du chemin des Glisières.

Par arrêté préfectoral du 25 juin 1886, la commune a été autorisée à contracter avec le Crédit foncier un emprunt de 19.000 francs, remboursable en 30 ans, pour la construction de l'école des filles.

Un arrêté préfectoral du 29 mars 1900 a autorisé la commune à contracter avec M. Lombart un emprunt de 100.000 francs

1. Ces recettes constituent les ressources normales de la commune.

2. Non compris les restes à payer devant figurer au compte administratif de l'année suivante.

3. Ce total représente les dépenses normales de la commune.

à 3.5o % remboursable en 27 années pour l'exécution d'un ensemble de travaux de voirie.

Secours.— La commune a reçu, depuis 1890, différents secours pour les travaux énumérés ci-après :

Année 1893.— Viabilité du chemin du Clos : 3.323 francs.

Année 1894.— Installation d'appareils à gaz : 2.046 francs.

Année 1898. — Transformation du bâtiment de l'école des filles : 25.000.

Années 1899, 1900 et 1901.— Travaux de viabilité : 96.000 fr.

Valeur du centime en 1901.— 359 fr. 07.

Nombre de centimes. — 104 centimes 3/10, dont 20 centimes extraordinaires.

Charges par habitant.— 15 fr. 12.

Receveur municipal. — Le percepteur des contributions de Sceaux remplit les fonctions de receveur municipal de la commune de Fontenay-aux-Roses.

Il reçoit, à cet effet, un traitement de 2.071 francs.

II. — SERVICES PUBLICS

---

§ I. — BIENFAISANCE

Bureau de bienfaisance. — Cet établissement charitable distribue, aux indigents, des secours en nature : pain, viande et combustible, et leur fait donner, en cas de maladie, les soins nécessaires.

Ces distributions ont lieu au moyen de bons ; les bons de viande donnent droit à 1 kilogramme qui peut être pris chez n'importe quel boucher de la commune ; il en est de même pour le pain. La viande est payée par la commune à raison de 1 fr. 20 et le pain un centime au-dessous du cours. Le combustible est distribué par 50 kilogrammes ; on fait 3 ou 4 distributions par an. Les médicaments sont pris chez les deux pharmaciens de la localité, chacun pendant un semestre ; ils consentent un rabais de 15 %.

Ainsi qu'il a été dit plus haut, par testament du 15 mai 1791, Antoine Petit, « docteur régent et ancien professeur de la faculté de médecine dans l'Université de Paris, membre des Académies royales des sciences de Paris et de Stockholm, professeur d'anatomie et de chirurgie au jardin du Roi, inspecteur des hôpitaux militaires du Roy », laissa à la commune sa maison, sauf la chambre où se trouvait le pressoir, pour y loger le médecin du

Bureau de bienfaisance, à charge de payer la moitié des réparations [1], plus une rente de 162 francs.

Le médecin reçoit 200 francs par an.

Les sages-femmes sont payées par accouchement.

45 familles, représentant 140 individus, sont inscrites au Bureau de bienfaisance.

Les fonctions de trésorier sont remplies par le percepteur qui a reçu, à cet effet, en 1900, une indemnité de 240 francs.

Voici le compte du Bureau de bienfaisance pour 1900 :

RECETTES

Rentes	3.425 »
Legs Fournier	400 »
— Petit	162 »
— Garnier-Lacombe	56 »
Intérêts de fonds	76,39
Concessions	2.092 »
Dons, souscriptions, quêtes	1.214,60
Excédent de l'année antérieure	3.402,17
Fête du 14 juillet	64 »
Total	10.892,16

DÉPENSES

Médecin	362 »
Receveur-trésorier	240 »
Employé	200 »
Frais de bureau et timbres	64,80
Distribution aux indigents :	
Achat de viande	2.485,20
— pain	1.359,50
— combustible	319 »
— médicaments	1.089,40
Secours en argent	172,50
Fête nationale	64 »
Achats de rente	984,37
Total	7.340,77

1. Cette maison, située rue Boucicaut, porte au-dessus de la porte d'entrée l'inscription suivante :

OFFICIER DE SANTÉ POUR LES PAUVRES MALADES FONDÉ EN 1791
PAR M. ANTOINE PETIT, MÉDECIN DE PARIS.

Soit un excédent de recettes de 3.551 fr. 33 auquel il convient d'ajouter une somme de 984 fr. 37 employée en achat de rente.

Les rentes, dont les arrérages s'élèvent à 3.425 francs, proviennent, partie de l'emploi des excédents annuels, partie des legs suivants :

M. Durand-Benech a légué, par testament mystique du 23 juin 1838, une somme de 120 francs de rente. L'autorisation d'accepter a été donnée par ordonnance royale du 13 avril 1840.

M. l'abbé Grandjean a légué, par testament olographe du 3 février 1872 une somme de 2.000 francs. L'autorisation résulte d'un décret du 6 juillet 1877.

Mme Ve Ledru-Rollin a légué, sans charges, une somme de 6.000 francs, en vertu de son testament en date des 12 juillet et 6 août 1887. L'autorisation résulte d'un arrêté du 18 mars 1890.

Mme Angélique Lacombe, veuve de Xavier-Paul Garnier, a légué une rente annuelle de 80 francs par testament du 7 décembre 1863; l'autorisation résulte d'un décret du 28 décembre 1876.

Par codicille du 10 mars 1845, M. Fournier a légué une somme de 400 francs de rente à charge de remettre 200 francs au médecin des pauvres. L'acceptation de cette libéralité a été autorisée par arrêté du 6 mai 1863.

Mme Ve Boucicaut, par son testament du 16 décembre 1886, a légué une somme de 50.000 francs dont l'acceptation a été autorisée par décret du 19 juillet 1889.

Hospice. — Le testament de Mme Ve Boucicaut contenait, en outre de la libéralité faite au Bureau de bienfaisance, une disposition aux termes de laquelle la testatrice léguait à la commune la propriété d'un hospice fondé par elle et situé rue de Sceaux. Cet acte de générosité était complété par un legs d'une somme de 500.000 fr. dont les revenus devaient permettre d'assurer le fonctionnement de l'établissement.

La valeur de l'hospice (immeuble et agencement) ainsi donné était évalué à 100.000 francs.

Cet hospice ou « maison de retraite » est destiné, d'après la volonté de la testatrice, à recevoir des vieillards valides des deux sexes ayant 15 ans de domicile dans la commune et 65 ans d'âge. Le nombre des vieillards hospitalisés est aujourd'hui de 18.

L'établissement est administré par une commission administrative créée par arrêté préfectoral du 28 août 1889 et composée de deux membres pris dans le sein du Conseil municipal et de quatre pris en dehors.

Le personnel se compose d'un économe, d'un médecin, d'un trésorier (percepteur), d'un gardien et sa femme et d'un domestique.

Voici le budget de cet établissement pour l'exercice 1900 :

RECETTES

Rentes sur l'État.	18.625,75
Intérêts de fonds placés au Trésor	204,95
Excédents de recettes de l'exercice précédent . . .	8.138,78
Total.	26.969,48

DÉPENSES

Entretien et contributions des propriétées.	278,35
Traitement du médecin.	200 »
— du receveur-trésorier	697 »
— du secrétaire-économe	600 »
— des gens de service	2.080 »
Frais de bureau et timbres.	99,90
Dépenses imprévues	76,35
Distribution aux indigents :	
Achat de viande	2.279,34
— pain	718.90
— denrées alimentaires	826,79
— linge et habillement	552,20
— combustible	939,39
Médicaments et bandages.	58,74
Lait et beurre	1.012,90
Vin.	1.960 »
Menus objets de consommation.	1.361,24
Éclairage et eaux.	153,49
Blanchissage.	540,90
Mobilier et matériel	261,65
Frais funéraires	89 »
Gratifications aux employés	300 »
Barbes et coupes de cheveux.	140 »
Achat de tabac de cantine	50,10
Correspondance des hospitalisés	0,90
Achat de rentes	2.986,94
Total	18.264,08

Rosière.— M. Rémy Laurent, mort le 20 mars 1871, rue Cassini, à Paris, a légué à la commune, qui est entrée en possession en 1877, une rente de 300 francs, pour être donnée, pendant la fête patronale du pays, à la jeune fille la plus digne et la plus méritante envers ses parents et habitant la commune.

La cérémonie a lieu tous les ans au mois de juillet, généralement le premier dimanche de la fête.

Legs Neyts. — Tous les ans, la municipalité distribue une somme de 140 francs de rente qui a été donnée par M. Neyts pour être distribuée en livrets de Caisse d'épargne aux enfants nés dans la commune pendant l'année d'avant celle où a lieu la distribution.

Traitement des malades dans les hôpitaux de Paris. — Les malades de la commune sont envoyés en traitement dans les hôpitaux de Paris. Jusque-là, ils y étaient admis et traités aux conditions fixées par délibérations des Conseils général et municipal de Paris, datant de 1890.

D'après ces actes, les dépenses occasionnées par le traitement de ces malades, évaluées à 3 fr. 05 par jour, défalcation faite des droits d'octroi, étaient supportées, partie par la commune intéressée, partie par le département et partie par l'Administration générale de l'Assistance publique.

La contribution de la commune, calculée à raison de 1 franc par jour et par malade, pouvait être basée, au choix de la commune, soit sur le nombre moyen des journées de traitement des trois dernières années, soit sur le nombre réel des journées de traitement de l'année.

Celle du département était calculée aussi à raison de 1 franc par jour, mais elle était acquittée sous forme de subvention forfaitaire dont le chiffre avait été fixée à 225.000 francs par an ; le surplus était supporté par l'Assistance publique.

On a été amené à modifier ces conditions sous l'influence de l'élévation de la moyenne du prix de journée qui passait de 3 fr. 05 à 3 fr. 34, et de l'augmentation du nombre de journées dont la subvention du département, fixée une fois pour toutes, ne suivait pas les variations. Or, voici le système qui vient d'être admis par le Conseil général et qui a été soumis aux communes pour entrer en vigueur, pour une période de cinq ans à compter du 1er juillet 1900. Le prix de journée fixé à 3 fr. 34 est supporté jusqu'à concurrence de 1 fr. 10 par les communes, d'une égale somme par le département, et de 1 fr. 14 par l'Administration générale de l'Assistance publique. Les communes conservent le droit, comme précédemment, de contracter des abonnements dans les mêmes conditions ou de payer leur quote-part d'après le nombre exact des journées de traitement des malades ayant leur domicile de secours sur leur territoire. Quant au département, il versera, non plus une subvention fixée à forfait, mais une somme représentant exactement 1 fr. 10 par journée de traitement.

Le Conseil municipal a adopté ce système par délibération du 3 novembre 1900.

Assistance à domicile. — Par délibérations en date des 18 décembre 1895 et 26 avril 1896, le Conseil général a fait inscrire au budget départemental une somme annuelle de 50.000 francs, destinée à subvenir à l'assistance à domicile des vieillards indigents, infirmes et incurables. La part contributive du département est déterminée par l'Administration et doit correspondre au tiers de l'allocation municipale qui, d'ailleurs, est facultative.

Les conditions d'âge sont 65 ans pour les indigents valides ; elles ne sont pas applicables aux infirmes et aux incurables.

Il faut, en outre, avoir séjourné depuis dix ans à Paris ou dans une commune du département.

Depuis les délibérations du Conseil général, aucune disposition n'a été prise par la commune.

Aliénés. — Les dépenses des aliénés à la charge de la commune, qui y contribue dans la proportion de 35 %, se sont élevées dans la même année à 1.809 fr. 75.

Enfants assistés et enfants maltraités ou moralement abandonnés. — L'hospice des enfants assistés par le département de la Seine est situé à Paris, rue Denfert-Rochereau, nos 72 et 74.

Les enfants maltraités ou moralement abandonnés sont assimilés pour la dépense, depuis le 1er janvier 1890, aux enfants assistés, en vertu d'une délibération du Conseil général du 16 décembre 1889. Cette délibération a été prise dans le but de faire bénéficier le département des dispositions de l'article 25 de la loi du 24 juillet 1889. Aux termes de cet article, en effet, la subvention de l'État, dans les départements où le Conseil général se sera engagé à assimiler les enfants maltraités ou moralement abandonnés aux enfants assistés, doit être portée au cinquième des dépenses tant extérieures qu'intérieures des deux services.

Dans ces conditions, les charges relatives à ces deux services se confondent, et les communes, pour qui cette dépense est obligatoire, n'ont à fournir qu'un seul contingent.

La somme payée en 1899 a été de 1.227 fr. 84.

Protection des enfants du premier âge.— En 1900, les déclarations faites par les parents, conformément à l'article 7 de la loi du 23 décembre 1874, se résument ainsi qu'il suit :

	AU BIBERON	AU SEIN	TOTAL
Nombre d'enfants de Fontenay-aux-Roses mis en nourrice dans le département de la Seine (hors Paris)	5	6	11
Nombre d'enfants de Fontenay-aux-Roses mis en nourrice hors du département de la Seine.	18	35	53
	23	41	64

Les déclarations d'élevage, faites par les nourrices de la localité, ont été de 42 enfants, dont 1 né hors du département de la Seine et 41 dans le département.

Il n'existe dans la commune ni *Crèche*, ni *Dispensaire*, ni *Fourneau économique*.

Secours aux familles des réservistes.— Aux familles des soldats de la réserve et de la territoriale qui accomplissent une période d'exercice, on alloue une indemnité de 20 francs pour la femme et 2 francs par enfant pour les premiers et 10 francs pour la femme et 1 franc par enfant pour les seconds. La dépense s'élève à 3.500 francs environ chaque année.

La loi de finances du 25 février 1901, dans son article 43, a ouvert au Ministère de l'intérieur un crédit de 500.000 francs en vue de subventions allouées par l'État aux communes, pour secours aux familles nécessiteuses des réservistes et territoriaux. La répartition est faite entre départements d'après un état annexé à ladite loi, dans lequel le département de la Seine figure pour 21.700 francs. La répartition entre les communes sera faite par le Conseil général, dans chaque département, et dans la commune, les bénéficiaires seront désignés par le Conseil municipal.

Propagation de la vaccine. — Aux mois de mars et octobre,

en exécution d'une circulaire préfectorale du 14 février 1894, les enfants des écoles sont vaccinés et revaccinés par les soins de l'Institut de vaccine animale, 8, rue Ballu, à Paris, qui vaccine également les jeunes enfants qu'on lui présente, même s'ils n'ont pas l'âge scolaire.

Caisse des écoles. — Conformément aux dispositions de l'article 15 de la loi du 10 avril 1867, une Caisse des écoles a été créée par délibération du Conseil municipal du 14 février 1881, approuvée par arrêté préfectoral du 12 juillet suivant.

D'après la dernière situation financière, les recettes se sont élevées à 3.655 fr. 49, et les dépenses à 3.316 fr. 68, d'où un excédent de recettes de 338 fr. 81.

Bureau municipal de placement gratuit. — Depuis le 15 avril 1901, un bureau municipal de placement gratuit fonctionne à la mairie.

Société de secours mutuels. — La Société de secours mutuels de Fontenay-aux-Roses, fondée le 29 septembre 1898 et dont les statuts ont été approuvés par arrêté ministériel du 27 novembre 1899, a pour but :

1° De donner les soins du médecin et les médicaments aux membres participants malades ou blessés ;

2° De leur payer une indemnité pendant la durée de leurs maladies ou blessures ;

3° De pourvoir aux frais de leurs funérailles ;

4° D'assurer une indemnité à leur veuve ou à leur mère s'ils en sont reconnus l'unique soutien ;

5° D'accorder des pensions de retraite aux sociétaires participants conformément au décret du 26 avril 1856.

6° De secourir les orphelins des sociétaires participants décédés dans la proportion des ressources du fonds spécial créé à cet effet.

La Société se compose de membres honoraires et de membres participants.

Les membres honoraires sont ceux qui, par leurs soins, leurs conseils et leurs souscriptions, contribuent à la prospérité de la Société sans participer à ses avantages.

Le nombre des membres honoraires est illimité.

La Société admet des membres honoraires perpétuels moyennant une somme de cent francs une fois versée.

Les noms des membres honoraires perpétuels seront placés en tête de liste des sociétaires.

Les membres participants sont ceux qui ont droit à tous les avantages assurés par l'association, en échange du payement régulier de leur cotisation et en se conformant aux présents statuts.

Le nombre des membres participants ne peut, à moins d'autorisation spéciale du Ministre de l'intérieur, excéder cinq cents ; il est actuellement de 65.

Les membres participants s'engagent à payer une cotisation mensuelle et à s'acquitter avec zèle et exactitude des fonctions qui leur sont déléguées par le bureau ou par les assemblées.

La cotisation est de 2 francs par mois pour les hommes et de 1 franc pour les femmes.

Indépendamment de cette cotisation, chaque sociétaire participant paye, à titre de droit d'admission, une somme de 2 francs.

De 40 à 41 ans.	5 francs
41 à 42 —	10 —
42 à 43 —	15 —
43 à 44 —	20 —
44 à 45 —	30 —

Les sociétaires inscrits depuis plus d'un an, appelés sous les drapeaux, n'ont aucun droit d'admission à payer s'ils rentrent dans la Société dans l'année qui suit leur libération.

Lors de l'admission du sociétaire, et sur sa demande, il peut lui être accordé un délai pour le payement du droit d'admission ; toutefois ce délai ne peut dépasser six mois et il ne peut recevoir aucun secours de la Société s'il n'a payé entièrement son droit d'admission.

Les sociétaires doivent, aux jours et heures indiqués par le règlement, porter leur cotisation au bureau de la Société.

Ils peuvent anticiper les époques des versements pour tout le temps qu'ils jugent convenable ; toutefois, en cas de décès, les sommes versées par anticipation sont restituées à la famille du décédé.

Pendant les six mois de stage, le nouveau sociétaire est dispensé de tout service actif dans la Société, ainsi que de payer les frais des funérailles des sociétaires décédés.

Les membres honoraires, au nombre actuellement de 20, payent une souscription dont le minimum est fixé à 5 francs par an et qui est perçue à domicile.

La Société accorde aux membres participants, après six mois d'inscription, les soins d'un médecin et les médicaments pendant tout le cours de la maladie. Elle accorde, en outre, une indemnité en argent fixée pour les hommes à 2 francs par jour pendant les trois premiers mois et à 1 franc les 3 mois suivants ; pour les femmes à 1 franc par jour pendant les trois premiers mois.

Voici la situation financière de cette Société au cours de l'année écoulée :

1° Du 31 mars au 7 octobre 1900.

RECETTES

Cotisations et droits d'admission.	479,50
Amendes.	3 »
Vente d'insignes	2 »
Cotisations supplémentaires. { Convoi Soulette. .	72 »
{ — Sanguillaux	74 »
Cotisations des membres honoraires.	130 »
Don de M. Desforges, membre perpétuel.	100 »
Intérêts de fonds placés	12,65
Total.	873,15

DÉPENSES

Indemnité de maladie . . . { du 31 mars au 4 mai	70 »
{ du 5 mai au 2 juin.	29 »
Frais de convoi	100 »
Secours à une veuve.	50 »
Indemnités de maladie.	92 »
Couronnes.	30 »
Pharmaciens. — Notes du 1er semestre 1900	247,80
Honoraires du médecin, 1er semestre 1900	91,15
Mémoire Bellenand, impression des statuts et divers	132,50
Achat de 50 insignes	33.25
Total.	875,70

RÉCAPITULATION

En caisse au 30 mars 1900.	444,75
Recettes	873,15
Total.	1.317,90
Dépenses	875,70
Reste en caisse.	442,20

AVOIR DE LA SOCIÉTÉ

Au fonds de retraite . . . . 5oo »
Aux fonds libres. . . . . 5oo »
A la caisse des orphelins 95,10
Entre les mains du trésorier. 442,20
Total 1.535,30

2° Du 7 octobre 1900 au 2 mars 1901.

RECETTES

Cotisations et droits d'admission. . . . . 4o7 »
Ventes d'insignes. . . . . 6 »
Cotisations supplémentaires . . . . 16 »
Subvention du Conseil municipal de Fontenay-aux-
Roses (1900) . . . . 100 »
Total . . . . 529 »

DÉPENSES

Indemnités de maladie. . . . . 186 »
Abonnement médical, 2ᵉ semestre 1900 122,35
Frais d'administration, année 1900. 48,85
Total 357,20

RÉCAPITULATION

En caisse au 6 octobre 1900 442,20
Recettes. . . . . 529 »
Total 971,20
Dépenses 357,20
Excédent de recettes . . . . 614 »

AVOIR DE LA SOCIÉTÉ

Au fonds de retraite (Caisse des dépôts et consigna-
tions). . . . . 1 000 »
Aux fonds libres (Caisse des dépôts et consignations) 5oo »
A la Caisse des orphelins (Caisse d'épargne). . . . 100 »
Entre les mains du trésorier. . . . . 114 »
Total . . . . 1.714 »

§ II. — ENSEIGNEMENT

École de garçons. — L'école de garçons, située rue des Écoles, comprend 3 classes primaires élémentaires qui ont été fréquentées, en 1899-1900, par 129 enfants de 6 à 13 ans et 2 de plus de 13 ans au 1er janvier de l'année scolaire. Le 2 décembre 1899, 122 élèves étaient présents à l'école et 114 le 2 juin suivant.

Au cours de l'année scolaire, 4 d'entre eux ont fréquenté une autre école.

Elle est tenue par 1 directeur et 2 instituteurs stagiaires.

École de filles.— Cette école, située place de l'Église, comprend 2 classes primaires élémentaires qui ont été fréquentées par 67 enfants dont 59 âgées de 6 à 13 ans et 8 de plus de 13 ans au 1er janvier de l'année scolaire.

Le 2 décembre 1899, 64 élèves étaient présentes à l'école et 63 le 2 juin suivant.

Le personnel enseignant est composé de 1 directrice chargée de classe et 1 institutrice stagiaire.

École maternelle. — Cette école, située place de l'Église, comprend 1 classe maternelle qui a été fréquentée, pendant l'année 1899-1900, par 62 enfants âgés de moins de 6 ans, dont 33 garçons et 29 filles.

Le 2 décembre 1899, 44 enfants étaient présents à l'école et 53 le 2 juin suivant.

L'école est tenue par 1 directrice.

Ces deux dernières écoles ont été laïcisées par arrêté préfectoral du 6 avril 1898.

Classes de garde. — Des classes de garde ont lieu, chaque jour, de 4 heures à 6 heures dans les 2 écoles. Elles sont fréquentées assidûment par les deux tiers au moins des enfants.

La commune dépense pour cet objet 675 francs par an.

Classes de vacances. — Des classes de vacances ont lieu dans les 2 écoles pendant 1 mois, du 15 août au 20 septembre. Elles réunissent, à l'école de filles 100 enfants environ et de 130 à 150 à l'école de garçons.

La dépense s'élève à 325 francs.

Excursions scolaires. — Depuis 5 ans, la Caisse organise chaque année, pendant les vacances, une excursion. Les enfants qui y prennent part sont désignés par les directeurs des écoles et choisis parmi les plus méritants.

La dépense ne dépasse pas 250 francs par an ; le département alloue une subvention de 100 francs.

Les excursions des dernières années ont eu pour but Fontainebleau, Compiègne et Chantilly.

Enseignement du chant, du dessin, de la gymnastique et de l'agriculture. — Un professeur de chant pour l'école de garçons reçoit un traitement annuel de 100 francs. Cette matière est enseignée à l'école des filles par une répétitrice de l'École normale qui s'en charge gratuitement.

Le dessin est enseigné par un professeur spécial qui reçoit 210 francs par an. La commune a reçu du département en 1900, pour cet enseigement, une subvention de 42 francs.

Un professeur de gymnastique pour l'école des garçons reçoit une indemnité de 300 francs. Un instituteur et une institutrice font un cours d'agriculture et reçoivent une indemnité de 100 francs par an.

Admission dans les écoles primaires et professionnelles de la Ville de Paris. — 3 élèves de la commune ont été reçus pour l'année scolaire 1900-1901.

Dons et legs faits aux écoles. — Néant.

Bibliothèques scolaires. — Chaque école possède une bibliothèque scolaire composée d'environ 150 volumes. La commune a recu, en 1900, une subvention de 30 francs.

Sociétés d'enseignement populaire. — L'Association philomatique, autorisée par arrêté mininistériel du 15 février 1900, et qui a son siège social à Paris, n° 7, rue Edmond-Guillout, a organisé une section dans la commune.

Les cours ont lieu tous les jours de la semaine. Ils portent sur la physique et la chimie, la géométrie appliquée (dessin, arpentage, nivellement), la langue française, l'histoire et la géographie, l'arithmétique et la comptabilité.

Le samedi ont lieu des conférences qui alternent avec celles qu'organise aussi, dans la commune, la Société d'éducation et d'enseignement du canton de Sceaux.

§ III. — VOIRIE

La longueur des voies de communication qui sillonnent le territoire de la commune est de :

2 routes départementales	3.375 mètres
2 chemins vicinaux de grande communication	2.125 —
12 chemins vicinaux ordinaires.	4.466 —
52 chemins ruraux	5.500 —
Voirie urbaine	1.800 —
Total.	17.266 mètres

Routes départementales. — 1° La route départementale *n° 28, de Paris (porte d'Orléans) à Verrières* (rue de Bagneux, rue Boucicaut, rue des Écoles, rue de Châtenay, avenue de Robinson), parcourt le territoire de la commune du Nord-Est au Sud-Ouest sur une étendue de 1.925 mètres.

La chaussée est tantôt pavée, dans la traverse du pays, tantôt macadamisée ; sur deux cents mètres environ, près de Châtenay, les trottoirs sont plantés de platanes.

2° La route départementale *n° 29, de Paris (porte de Châtillon) à Chevreuse,* traverse la partie Nord-Ouest de la commune, en contournant le fort de Châtillon, sur une étendue de 1.450 mètres.

La chaussée et les trottoirs sont en bon état. Il n'y a pas de plantations.

Chemins vicinaux de grande communication. — 1° Le chemin vicinal de grande communication *n° 74, de Châtillon à Bourg-la-Reine* (rue Boucicaut, avenue de Bourg-la-Reine), parcourt la commune à l'Est sur une étendue de 1.600 mètres.

Il est en bon état d'entretien et planté d'arbres sur presque toute sa longueur.

2° Le chemin de grande communication *n° 75, de Fontenay-*

aux-Roses à Sceaux, s'étend en ligne droite au Sud-Est de la commune sur 525 mètres.

Il est en bon état ; les trottoirs sont en terre ; ils étaient plantés de très anciens ormes qu'on vient d'abattre.

Chemins vicinaux ordinaires. — Le tableau suivant donne la situation des chemins vicinaux ordinaires qui se trouvent sur le territoire de la commune.

NUMÉROS	DÉSIGNATION DES CHEMINS	LONGUEUR	ORIGINE	FIN	LARGEUR moyenne		CHAUSSÉE		OBSERVATIONS
					TOTALE	CHAUSSÉE	NATURE	ÉTAT	
		mètres			mèt.	mèt.			
1	DE LA CAVÉE OU DE FONTENAY (RUE DE CHATENAY ET RUE LEDRU-ROLLIN)	575	Route dép. n° 29.	Territoire du Plessis-Piquet et de Sceaux.	8	6	112 m. pavée, 463 m. empierr.	bon	
2	DU MOULIN (RUE DE CLAMART ET RUE DURAND-BENECH)	450	Chemin de gr. comm. n° 74.	Fort de Châtillon.	8	5	Empierrée.	assez bon	
3	VOIE PIERREUSE.	115	Chemin de gr. comm. n° 73.	Chemin vicinal n° 8.	8	5	id.	id.	Mitoyen avec Châtillon sur toute sa longueur.
4	DE BOURG-LA-REINE (RUE REMY-LAURENT)..	300	Chemin de gr. comm. n° 74.	Chemin de gr. comm. n° 74.	8	5	id.	id.	Égout sur 305 mètres.
5	DU PLESSIS-PIQUET (RUE DU PLESSIS-PIQUET)	890	Chemin vicinal n° 1.	Territoire du Plessis-Piquet	8	6	id.	bon	Mitoyen avec Plessis-Piquet sur 110 mètres
6	DES PIERRELAIS.	450	Place de l'Église.	Territoire de Châtillon	8	5	id.	id.	
7	RUE DE DIANE (RUE BLANCHET)........	100	Route dép. n° 28.	Route dép. n° 28.	8	5	Pavée.	id.	
8	DES CHAMPARTS (RUE DE CLAMART)	256	Chemin vicinal ordinaire n° 2.	Chemin vicinal ordinaire n° 3.	8	5	Empierrée.	id.	
9	DES GLISIÈRES (RUE GAMBETTA)...........	920	Chemin vicinal ordinaire n° 1.	Chemin de gr. comm. n° 75.	8	5	id.	id.	
10	RUE BLANCHARD.	260	Chemin de gr. comm. n° 74.	Chemin vicinal ordinaire n° 6.	8	5	id.	id.	
11	DES RENARDS....	80	Chemin vicinal ordinaire n° 5.	Route dép. n° 28.	8	5	id.	id.	Mitoyen avec Plessis-Piquet sur toute sa longueur.
12	AV. D'ACCÈS A LA STATION (RUE FÉLIX-PÉCAUT)	70	Chemin de gr. comm. n° 75.	Station.	9	5	id.	id.	
	TOTAL......	4.466							

Longueur totale à entretenir par la commune de Fontenay-aux-Roses : 4.466 mètres.

Entretien.— Les dépenses relatives à l'entretien se sont élevées, en 1898, à 5.291 fr. 70. (Le département a alloué une subvention de 3.166 fr. 78.)

Chemins ruraux. — Les chemins ruraux sont au nombre de 52 ; leur longueur est de 5.500 mètres ; leur énumération ne présente aucun intérêt.

Route militaire. — Sans être classée dans cette catégorie, la route de Bièvres (route départementale *n° 29, de Paris à Chevreuse*), par son parcours autour du fort de Châtillon, présente une importance stratégique considérable.

Voirie urbaine. — Les rues de la commune sont au nombre de 29 et présentent un développement de 1.800 mètres.

Voirie urbaine	Travaux faits dans l'année et dépenses correspondantes	Mise en viabilité d'une partie du chemin des Toulouses, des Prés, des Chanteclous, de la Fontaine-du-Moulin, du boulevard des Ormeaux, des Sablons et un abreuvoir. . . . . 100.000 francs

Ces travaux ont été inaugurés le 16 mai dernier sous la présidence de M. Mougeot, sous-secrétaire d'État aux postes et télégraphes.

Un décret du 14 octobre 1900 a donné de nouvelles appellations à un certain nombre de rues qui portent maintenant les noms ci-après : Antoine-Petit (ancienne rue des Bouffrais), André-Neyts, Félix-Pécaut, Scarron, La Fontaine, Gentil-Bernard, Durand-Benech, Abbé-Grandjean, Gambetta, etc.

Les noms de Ledru-Rollin et de Boucicaut avaient été attribués antérieurement à la rue de la Cavée et à la Grande-Rue.

Prestations. — Par suite de l'insuffisance des recettes ordinaires de la commune, applicables à l'entretien des chemins vicinaux, le Conseil municipal vote, chaque année, trois journées de prestations en nature dont la valeur en argent est appréciée par le Conseil d'arrondissement et le Conseil général.

Le rôle de l'année 1901 comporte 1.425 articles imposés, se décomposant comme suit :

1.544 journées d'homme à 2 francs	3,088 »
515 journées de cheval à 2 fr. 25	1,158,75
11 journées d'âne à 0 fr. 75	8,25
430 journées de voiture à 2 fr. 25	967,50

Sur ce nombre de journées, sont faites en nature :

7 journées d'homme ;
3 journées de cheval ;
2 journées d'âne ;
4 journées de voiture.

Entretien des rues et des chemins ruraux et vicinaux. — L'entretien de ces voies est fait par les cantonniers. Celui des chemins vicinaux a donné lieu à une adjudication effectuée le 25 janvier 1897 pour 5 ans. La dépense prévue s'élève à 4.500 francs et le rabais à 5 fr. 20 %.

Balayage et enlèvement des boues. — Les habitants sont tenus de balayer deux fois par semaine au droit de leur maison.

Un adjudicataire, concessionnaire pour cinq années, au prix de 1.920 francs, enlève les ordures deux fois par semaine (délibération du 3 novembre 1900, arrêté du 20 décembre suivant).

Droits de voirie. — Voir aux Annexes. — Aucune recette ne figure, pour cet objet, au compte de 1899.

Ponts. — Deux ponceaux sur le ru de la Fontaine-du-Moulin.

Rus. — Il a été fait mention, à l'article « Hydrographie » du seul ru qui se trouve sur le territoire de la commune. Le curage est fait, selon l'usage, par les soins de l'Administration et aux frais des riverains, chacun au droit de soi, en l'absence de règlements généraux et par application du décret du 14 floréal an XI sur les canaux et rivières non navigables.

Il n'y a pas de *Port* dans la commune.

Égout. — Il existe une canalisation départementale sous la rue des Écoles et des canalisations vicinales sous les rues Boucicaut, de Châtenay, Rémy-Laurent et sous la route de Bourg-la-Reine.

Distance de Paris. — La distance de Paris (parvis Notre-Dame) à Fontenay-aux-Roses (mairie) est de 9 kilomètres en suivant la route départementale n° 28.

Distance du chef-lieu de canton. — Fontenay-aux-Roses est à 1 kil. 900 mètres de Sceaux.

Distance des autres communes :

Bagneux est à 1 kil. 200 mètres ;
Châtillon est 1 kil. 400 mètres ;
Le Plessis-Piquet est à 2 kil. 400 mètres :
Bourg-la-Reine est à 3 kil. 500 mètres ;
Châtenay est à 3 kil. 800 mètres ;
Montrouge est à 5 kil. 100 mètres.

Moyens de transport. — La commune est desservie : 1° par la Compagnie du chemin de fer d'Orléans, ligne de Sceaux-Robinson. Trente-trois trains dans chaque sens s'arrêtent chaque jour à la station de Fontenay-aux-Roses entre 5 heures 10 du matin et 1 heure 10 de la nuit. La durée du trajet depuis la gare du Luxembourg, rue Gay-Lussac, est de trente minutes environ.

Le prix des places du Luxembourg à Fontenay-aux-Roses est ainsi fixé :

BILLETS SIMPLES			BILLETS D'ALLER ET RETOUR		
1re CL.	2e CL.	3e CL.	1re CL.	2e CL.	3e CL.
1 fr. 25	0 fr. 85	0 fr. 55	1 fr. 85	1 fr. 35	0 fr. 85

Des cartes d'abonnement mensuel, de trois mois, six mois ou un an, des cartes d'abonnement scolaires sont délivrées avec une réduction de 20, 30 et 40 %.

2° Par la Compagnie des Tramways-Sud (ligne de Saint-Germain-des-Prés à Fontenay-aux-Roses) (place de la Mairie).

Les départs ont lieu deux fois par heure ; le prix des places est de 0 fr. 60 à l'intérieur et de 0 fr. 35 sur l'impériale.

3° Par le tramway électrique de Châtenay au Champ-de-Mars.

Un décret du 30 mars 1899 a déclaré d'utilité publique l'établissement d'une ligne de tramways à traction mécanique, de Châtenay au Champ-de-Mars par Bagneux. La ligne dessert Fontenay-aux-Roses depuis le mois d'octobre 1900.

Le prix des places de Fontenay-aux-Roses à la barrière est de 0 fr. 35 en première classe et de 0 fr. 20 en seconde.

La durée du trajet est de 25 minutes ; les passages ont lieu deux fois par heure dans chaque sens.

Eaux. — La commune de Fontenay-aux-Roses est alimentée en eau par la Compagnie générale des Eaux, dont le siège social est à Paris, rue d'Anjou, n° 52, en vertu d'un traité du 7 octobre 1865, approuvé le 25 janvier 1866, pour une durée de 5o années, prenant fin le 7 octobre 1915.

Le prix des abonnements particuliers est fixé comme suit :

        25o litres par 24 heures, 55 francs par an.
        5oo   —   1oo   —
        75o   —   13o   —
        1.ooo   —   16o   —
        1.25o   —   2oo   —
        1.5oo   —   22o   —

et pour toute quantité excédant 1.5oo litres, à raison de 9o francs le mètre cube.

La commune bénéficie d'une réduction de 5o % sur ce tarif.

Un abonnement de 5oo litres est fourni gratuitement aux écoles.

En vertu de la convention du 20 janvier 1894, conclue entre M. le Préfet de la Seine, agissant au nom du département et pour le compte des communes de la Seine, et la Compagnie générale des Eaux, la commune est alimentée, depuis le 1er janvier 1896, en eau épurée et filtrée, moyennant le payement d'un centime supplémentaire par mètre cube ; cette majoration du tarif s'applique aux services publics payants ou gratuits ainsi qu'à la consommation privée.

La commune possède, en outre, le lavoir et l'abreuvoir publics de la rue La Fontaine, alimentés par des sources souterraines, ainsi que le lavoir et la buanderie de la Fontaine du Moulin, alimentés par le ru de la Fontaine-du-Moulin, et trois pompes communales, situées place de l'Église, rue Antoine-Petit et rue Boucicaut.

Éclairage. — La commune a passé avec la Compagnie parisienne d'éclairage et de chauffage par le gaz, dont le siège social est à Paris, rue Condorcet, n° 6, un traité, en date du 3o mars 1867, approuvé par arrêté préfectoral du 2o juillet suivant et prenant fin le 31 décembre 19o5. Un avenant du 2o avril 1896 a reçu l'approbation préfectorale le 27 mai suivant.

L'éclairage public comprend 35 becs.

Le gaz est fourni au prix de o fr. 35 pour les particuliers et de o fr. 175 pour les services publics.

Le boulevard de la République, nouvellement percé, est muni d'appareils à pétrole.

§ IV. — JUSTICE ET POLICE

Justice de paix. — La commune de Fontenay-aux-Roses dépend de la justice de paix de Sceaux.

Les audiences de conciliation sur lettre ont lieu à Sceaux le vendredi à 10 heures du matin à l'hôtel de la justice de paix pour Sceaux et les autres communes du canton ; les conciliations sur citation ont lieu au même local, le même jour ; les audiences de compétence le vendredi à 1 heure et celles de simple police les 1er et 3e vendredis, à 1 heure, au siège de la justice de paix.

Officiers ministériels. — La commune n'a pas d'officier ministériel.

Commissariat et agents de police. — Deux agents du commissariat de police de Sceaux, payés par la commune de Fontenay-aux-Roses, sont chargés de la surveillance publique avec les gendarmes et le garde champêtre ; ils sont installés en permanence à la mairie, de 8 heures du matin à 9 heures du soir.

Gendarmerie. — La commune dépend de la gendarmerie de Châtillon, dont la brigade à cheval fait des tournées quotidiennes sur le territoire de Fontenay-aux-Roses.

Garde champêtre. — Il n'y a, dans la commune, qu'un seul garde champêtre. L'appariteur est assermenté.

Messiers. — Six messiers choisis parmi les cultivateurs se font, à l'époque des récoltes, les auxiliaires de la police locale.

§ V. — CULTES

Paroisse. — La paroisse de Fontenay-aux-Roses constitue une succursale dont le titulaire reçoit une indemnité de 900 francs par an ; en vertu du legs Fournier, la commune est tenue de donner un supplément de traitement de 100 francs.

Compte de la fabrique. — Voici le compte de cet établissement pour 1899 :

RECETTES

Produit des biens	17 »
— des rentes avec ou sans fondation	749 »
— de la location des chaises	2.539,75
— des quêtes pour les frais du culte	1.645,90
Part revenant à la fabrique dans les droits perçus sur les services religieux :	
Mariages	177 »
Convois et services	959,50
Produit des frais d'inhumation, monopole ou remise des pompes funèbres	2.683 »
Produit de la cire et du luminaire revenant à la fabrique	859,90
Intérêts de fonds placés au Trésor	40,30
Aumônerie de Sainte-Barbe-des-Champs	1.200 »
Arrérages de titres de rentes 3 °/₀ au porteur déposés en nantissement au Crédit foncier qui a remboursé des titres volés en 1870-71	17 »
Excédent de recettes de l'exercice 1898	3.482,85
Montant d'un legs encaissé	6.000 »
Total	20.371,20

DÉPENSES

Objets de consommation pour les frais ordinaires du culte	951,19
Réparations d'ornements, vases, etc.	412,85
Honoraires des prédicateurs	300 »
Maîtrise	2.759 »
Entretien de l'église et du presbytère	649,65
A reporter	5.072,69

Report. . . .	5.072,69
Traitement des vicaires.	2.850 »
Logement du desservant	1.136,15
Charges des fondations.	348 »
Charges des biens	24,36
Frais d'administration	199,20
Un 10ᵉ du produit net de la location des chaises pour la Caisse de secours des prêtres âgés et infirmes	239,60
Dépenses imprévues	27,50
Frais de locations pour solennités	40 »
Placement du produit d'un legs en rentes sur l'État	5.995,25
Total.	15.932,75
Soit un excédent de recettes de.	4.448,45

Fondations. — Les rentes dont les arrérages figurent au compte ci-dessus proviennent de l'emploi des excédents de recettes annuelles et de sommes léguées en vue des fondations ci-après :

M. Remy Laurent, par son testament du 9 novembre 1865 et codicilles des 12 mai et 18 septembre 1868, a légué à la fabrique une somme de 300 francs pour fondation de deux messes.

L'acceptation de cette libéralité a été autorisée par arrêté préfectoral du 25 août 1874.

Mᵐᵉ Angélique Lacombe, veuve de Xavier-Paul Garnier, a légué pour fondation de messes 80 francs de rente. (Testament du 7 décembre 1863. Décret du 28 décembre 1876.)

M. l'abbé Grandjean (Charles-Henri) a légué des ornements et une somme de 2.000 francs pour messes et pour décoration des chapelles et de l'église. (Testament du 3 février 1872. Décret du 6 juillet 1877.)

Mˡˡᵉ Perpellini (Marie-Thérèse) a légué pour fondation de messes une somme de 400 francs à placer en rentes 3 %. (Testament du 7 juillet 1880. Arrêté du 6 mai 1881.)

Mᵐᵉ Marie-Justine Bach, épouse de M. Cheruel, a donné à la fabrique, pour fondation de messes, une somme de 300 francs. (Acte du 7 juillet 1882. Arrêté préfectoral du 11 janvier 1883.)

Mᵐᵉ Marie-Joséphine Billiard, veuve de Pierre-Charlemagne Maldan, par son testament en date du 8 juillet 1881, a légué 50 fr. de rentes pour fondation de messes. L'autorisation d'accepter a été donnée par arrêté préfectoral du 20 février 1885.

M. Gustave-François-Marie Solvyns a, par un codicille olographe, en date du 20 décembre 1886, légué une somme de

1.000 francs à charge de célébration de services religieux. L'autorisation est du 26 novembre 1890 (arrêté préfectoral).

M. Jean-François Moreau a légué pour services religieux une somme de 1.500 francs aux termes de son testament authentique en date du 6 mai 1885. (Autorisation du 27 janvier 1898.)

Mme Ve Lhomme, née Marie-Antoinette Cronier, a donné pour le même objet une somme de 30 francs de rente. La convention sous seings privés est du 9 mars 1896, l'acte d'autorisation du 8 février 1898.

Mme Edme-Marie-Caroline Maldan, épouse de M. Vincent Rouillé, a légué, par son testament olographe du 10 mai 1885, 50 fr. de rente, pour célébration de services religieux. L'autorisation d'accepter a été donnée par décret du 18 juin 1898.

Mmes Clotilde-Aglaé Dorbec, épouse Haro, et Ozenne, veuve Pitot, ont donné par acte notarié du 19 novembre 1898, à charge de célébration de services religieux, une somme de 6.000 francs. L'autorisation d'accepter a été donnée par décret du 19 mars 1899.

M. Adam (Henri-François) a légué par son testament olographe en date du 8 août 1897 une somme de 1.500 francs pour le même objet. L'autorisation résulte d'un décret en date du 19 septembre 1900.

Congrégations.— Des sœurs de Saint-Vincent de Paul, au nombre de 8, tiennent une école de filles et une école enfantine.

§ VI. — SERVICES DIVERS

Poste, télégraphe, téléphone. — Le bureau de poste et de télégraphe est situé rue Boucicaut, n° 79 ; il est ouvert tous les jours de la semaine, de 7 heures du matin à 9 heures du soir en été, et de 8 heures du matin à 9 heures du soir en hiver.

La commune paye 400 francs par an pour avoir le service complet.

Le service est fait par une dame receveuse, deux dames employées, trois facteurs et une porteuse de dépêches.

En plus de la boîte aux lettres du bureau de poste, il y a des boîtes : rue des Écoles, à l'ancien collège Sainte-Barbe, rue Boucicaut, n° 114, place de l'Église et à la gare.

Caisse nationale d'épargne postale. — 45 livrets ont été délivrés en 1900 pour une somme de 2.500 francs.

Sapeurs-pompiers. — La subdivision des sapeurs-pompiers de Fontenay-aux-Roses se compose de 21 hommes commandés par un lieutenant.

Le Conseil municipal a voté en 1899 :

Solde des tambours et clairons	50 »
Assurance ou secours et pensions en faveur des sa- peurs-pompiers blessés, de leurs veuves ou de leurs enfants	100 »
Habillement et équipement	785,15
Frais de déplacement, indemnités ou gratifications .	300 »
Entretien des pompes et accessoires	53,19

Le matériel de secours, composé de deux pompes et d'un dévidoir, est remisé dans un local spécial, à la mairie.

Pompes funèbres. — La fabrique paroissiale de Fontenay-aux-Roses exploite elle-même le monopole des fournitures pour convois funèbres, qu'elle tient des décrets des 23 prairial an XII et 18 mai 1806 ; dans certains cas exceptionnels, cependant, elle s'adresse à l'entreprise générale des Pompes funèbres qui fournit une partie du matériel.

Le transport se fait, soit à bras au moyen d'un brancard qui appartient à la commune, soit par corbillard, au gré des familles.

Les porteurs au nombre de 6, dont 2 porteurs supplémentaires, sont nommés par le maire ; ils sont payés par les familles à raison de 5 francs par opération. Quand il s'agit de l'inhumation d'un indigent, ils reçoivent de la commune une somme de 3 francs.

Le fossoyeur, qui remplit en même temps les fonctions de gardien du cimetière, reçoit des familles 5 francs par fosse pour les adultes, et 3 francs pour les enfants, quand il s'agit d'un convoi payant ; quand il s'agit d'un convoi d'indigent, ces sommes sont payées par la commune.

En ce qui concerne le service intérieur, les commandes sont reçues par le desservant.

D'après le compte de la fabrique ci-dessus reproduit, il résulte que le monopole des pompes funèbres a produit en 1899 une somme de 2.683 francs.

Marché. — Un marché découvert de 60 places se tient le mardi et le samedi, place de la Mairie ; la concession, faite pour 20 ans, moyennant une redevance annuelle de 1.300 francs, expire en 1911.

Les perceptions sont effectuées d'après le tarif ci-après :

Le mètre couvert.	o fr. 10
Le mètre découvert.	o fr. o5
Table.	o fr. 20
Billot	o fr. 15
Chaise	o fr. o5
Tréteau	o fr. o5
Seau	o fr. o5

Voici la statistique du marché dont l'établissement remonte au 31 mars 1881 et qui est fréquenté actuellement par 48 marchands :

Poissons	Volailles et gibiers	Viande	Beurre, œufs, fromages	Fruits et légumes	Objets divers
kilogr.	kilogr.	kilogr.	kilogr.	kilogr.	kilogr.
10.000	18.000	22.000	12.500	25.000	5o.000

Bureaux de tabac. — Au nombre de deux, ils sont situés place de l'Église et rue Boucicaut, nº 116.

Bibliothèque municipale publique. — La bibliothèque municipale publique de prêts gratuits à domicile a été fondée le 11 février 1866. Elle est installée au premier étage de la mairie, dans une salle spéciale, et met ses 3.000 volumes à la disposition des lecteurs, qui sont au nombre de 150 environ, tous les dimanches, de 9 heures à 11 heures du matin.

Archives de la commune. — Les archives de la commune se composent :

Des registres paroissiaux, depuis l'année 1612 ;

Des registres de l'état civil, depuis la Révolution ;

Des registres des délibérations, depuis 1789 ;

D'un assez grand nombre de dossiers, tous modernes et postérieurs en grande partie à 1871.

Tous les registres sont reliés et en bon état.

§ VII. — PERSONNEL COMMUNAL

NOMBRE	EMPLOI	TRAITEMENT
1	Médecin du Bureau de bienfaisance	362 francs et le logement
1	Secrétaire de la mairie (logé).............................	2.600 francs.
1	Employé de la mairie....................................	600 —
1	Receveur municipal (emploi occupé par le percepteur de Sceaux)	2.071 —
1	Architecte.	200 —
1	Agent voyer..	300 —
3	Cantonniers, chacun	1.400 —
1	Garde champêtre (logé)...................................	1.000 —
1	Appariteur (logé)..	1.000 —
1	Gardien du cimetière	100 francs et le logement
1	Femme de service de l'école maternelle	55 francs par mois

III. — RENSEIGNEMENTS DIVERS

Fêtes locales et foires.— La fête communale a lieu le dimanche le plus rapproché du 12 juillet et dure huit jours.

Courses de chevaux. — Néant.

Principales industries. — Il y a, dans la commune, une teinturerie et une imprimerie qui emploient chacune 15 à 20 ouvriers ou ouvrières.

Commerce et productions du pays. — Le tableau suivant donne un aperçu des principaux genres de culture :

TERRI-TOIRE			CULTURES LABOURABLES					CULTURES FOURRAGERES				CULTURES Industrielles	ARBORICUL-TURE	HORTI-CULTURE		VITICULTURE	SYLVICULTURE	Superficie non cultivée
Superficie totale	Agricole	Non agricole	Froment	Seigle	Avoine	Pommes de terre	Diverses	Betteraves	Diverses	Luzerne	Foin	Pommes de terre pour féculeries		de rapport	de plaisance			
hec.	hec.	hec.	hec.	hec.	hec.	hec.	hec.	hec.	hec.	hec.	hec.	hec.	hec.	hec.	hec.	hec.	hec.	hec.
262	149	113	10	»	5	4	15	»	»	3	»	»	1 76	1	24	9	1	1
			34					3				»	76	25		9	1	1
									149 hectares									

1 Dont 73 hectares de pépinières.

Rendement moyen par hectare ensemencé :

Froment.	25 hectolitres
Avoine.	25 —
Pommes de terre.	200 quintaux
Vignes	40 hectolitres

On extrait à Fontenay un sable fin particulièrement recherché pour couler les pièces de fonte et qui aurait, dit-on, servi pour un grand nombre de statues célèbres. On en exporte 2.000 à 3.000 mètres cubes par an.

Écoles privées. — Il exixte 3 pensionnats dont 2 laïques. Rue Boucicaut, n° 123, une école laïque, spéciale aux filles, est dirigée par 1 institutrice et 2 adjointes.

Elle comprend 1 classe enfantine et 1 classe primaire élémentaire. Pendant l'année scolaire 1899-1900, elle a été fréquentée par 34 enfants dont 5 âgées de moins de 6 ans, 22 de 6 à 13 ans et 7 de plus de 13 ans au 1er janvier de l'année scolaire.

Le 2 décembre 1899, comme le 2 juin suivant, toutes les élèves étaient présentes.

Rue Isabelle, n° 71, 1 institutrice et 1 adjointe tiennent une école laïque mixte. Elle comprend 2 classes primaires élémentaires qui ont été fréquentées, au cours de l'année scolaire 1899-1900, par 27 enfants, dont 6 garçons et 2 filles de moins de 6 ans, 15 filles de 6 à 13 ans et 4 de plus de 13 ans au 1er janvier de l'année scolaire.

Le 2 décembre 1900, 25 élèves étaient présentes à l'école et 26 le 2 juin suivant.

Rue Boucicaut, n° 48, 1 institutrice et 3 adjointes congréganistes dirigent une école spéciale aux filles. Elle comprend 3 classes primaires élémentaires qui ont été fréquentées, au cours de l'année scolaire 1899-1900, par 118 enfants, dont 110 âgées de 6 à 13 ans et 8 de plus de 13 ans au 1er janvier de cette année.

Le 2 décembre 1900, 115 étaient présentes à l'école et 117 le 2 juin suivant.

7 d'entre elles ont fréquenté une autre école au cours de l'année scolaire.

Le personnel de cette école appartient à la congrégation de Saint-Vincent-de-Paul.

A la même adrese, la même congrégation dirige, par 2 de ses membres, une école maternelle privée, comprenant 2 classes maternelles. Elles ont été fréquentées, au cours de l'année scolaire

1899-1900, par 125 enfants, dont 43 garçons et 55 filles de moins de 6 ans et 12 garçons et 15 filles de 6 ans et au-dessus.

75 enfants étaient présents à l'école le 2 décembre 1899 et 106 le 2 juin suivant.

Le collège Sainte-Barbe-des-Champs, installé depuis 1852, dans une ancienne propriété dont la décoration intérieure est intéressante, a fermé ses portes aux vacances de 1899.

Établissements de bienfaisance. — *Asile Ledru-Rollin.* — Cet établissement, situé rue de Bagneux, n° 2, appartient à la Ville de Paris. La propriété dans laquelle il est installé a été léguée par Mme Ve Ledru-Rollin; celle-ci la tenait de son grand-père Comus; on raconte qu'elle aurait appartenu à Scarron.

L'asile, inauguré le 4 août 1892, comprend 51 lits et 51 berceaux. Les dépenses d'installation et d'aménagement se sont élevées à 216.000 francs. On y reçoit des femmes accouchées, sortant des maternités avec leurs enfants.

L'asile a pour but de permettre à la femme nouvellement accouchée de reprendre ses forces avant de se remettre au travail et d'encourager l'attachement maternel chez la fille-mère qui serait tentée d'abandonner son enfant.

Deux fois par semaine, le mardi et le vendredi, une voiture spéciale, chauffée en hiver, vient à Paris et passe dans les maternités pour y prendre les femmes désignées pour aller en convalescence, jusqu'à concurrence des lits disponibles. Cette voiture ramène en même temps à Paris les femmes qui, ayant terminé leur séjour à l'asile, reviennent se placer ou rentrent à leur domicile.

Les hospitalisées sont placées, pendant leur séjour à l'asile, sous la surveillance d'un médecin-accoucheur des hôpitaux, auquel il est adjoint un médecin assistant pris sur place et qui fait à l'asile une consultation journalière.

Les soins médicaux sont confiés à une sage-femme de 1re classe, élève de la Maternité.

La durée du séjour des convalescentes est réglementairement de quinze jours, mais elle peut être prolongée si le médecin le juge nécessaire.

Les hospitalisées ne sont soumises à aucun travail; elles allaitent et soignent leurs enfants et apprennent à les aimer en remplissant les devoirs de la maternité.

Depuis la fondation, les entrées se sont élevées à 13.684,

dont 7.339 femmes et 6.345 enfants. Parmi ces 7.339 femmes 5.832 étaient célibataires, 1.099 mariées, 228 veuves, 47 divorcées, 133 séparées de leurs maris. Quant aux enfants, ils se divisent en 3.180 garçons et 3.165 filles. Au point de vue de l'âge, les hospitalisées se répartissent de la manière suivante : de 15 à 20 ans, 1.348 ; de 21 à 25 ans, 3.077 ; de 25 à 30 ans, 1.710 ; de 31 à 35 ans, 755 ; de 36 à 40 ans, 376 ; au-dessus de 40 ans, 76.

Ce sont surtout des Françaises qui ont été recueillies, 6.686, dont 1.220 nées à Paris et 5.466 nées dans les départements ; les 653 étrangères comprennent notamment 312 Allemandes, 103 Belges, 101 Suissesses, 46 Italiennes, 30 Luxembourgeoises.

Si l'on se place au point de vue des professions, on trouve : 4.151 domestiques, 901 journalières, 706 couturières, 266 blanchisseuses, 277 employées, etc.

Le nombre des journées de présence s'est élevé à 215.012.

La directrice s'occupe tout particulièrement du placement des hospitalisées qui, par suite de leur grossesse, ont perdu leur emploi ; elle est en rapports constants avec les particuliers, les bureaux de placement et les médecins-accoucheurs qui recherchent des nourrices pour leur clientèle. Le nombre des placements effectués par ses soins, depuis la fondation de l'asile, s'est élevé à 1.131, dont 952 nourrices et 172 domestiques.

Afin de venir en aide à la nouvelle accouchée et de prévenir l'abandon de l'enfant, toujours à craindre chez une femme dénuée de ressources, des secours en argent sont remis à celles qui ne peuvent payer le premier mois de nourrice de leur enfant. Elles peuvent ainsi se chercher une place si elles n'ont pu s'en procurer pendant leur séjour à l'asile.

D'autres secours servent à payer le loyer des plus nécessiteuses ou permettent à celles qui n'ont pas de vêtements présentables d'en acheter pour pouvoir chercher du travail.

Grâce aux libéralités de quelques personnes, entre autres de Mme Ve Arassus, qui ont légué tout ou partie de leur fortune à la Ville de Paris, les secours en argent ont pu être distribués en plus grand nombre.

Les hospitalisées qui se trouvent encore sans asile à leur sortie sont envoyées au refuge-ouvroir Pauline-Roland, situé rue Fessart, n°s 35 et 37, dans le 19e arrondissement à Paris, où on les garde jusqu'à ce qu'elles puissent reprendre leurs occupations habituelles.

M. Solvyns, par testament et codicille du 20 décembre 1886, a légué une propriété sise à Fontenay, rue du Plessis-Piquet, et une somme de 150.000 francs destinées à installer et à faire fonctionner à perpétuité « un asile particulier pour les enfants malades de la commune et autres, s'il y a place, qui ne pourrraient être soignés convenablement chez leurs parents ».

Toutefois, l'établissement ne sera fondé qu'après le décès d'une dame Seckarech, gouvernante du testateur, qui a l'usufruit de cette libéralité.

Le testateur prescrit que cet établissement sera administré par son neveu, qu'il nomme exécuteur testamentaire, et, après son décès, par ses héritiers à lui, pour que, dit le testament, « son organisation puisse se perpétuer sans crainte d'une immixtion étrangère ». Il devra être tenu par des religieuses de son choix, à qui on remettra la rente du capital légué en deux versements annuels.

École normale supérieure d'enseignement primaire. — A l'entrée de la rue Boucicaut, en venant de Sceaux ou de Bourg-la-Reine, dans une propriété qui appartint autrefois au sculteur Pajou, se trouve l'école normale supérieure dite de Fontenay-aux-Roses. Cette école, ainsi que celle de Saint-Cloud, a été fondée par l'État, pour assurer le recrutement du personnel enseignant dans les écoles normales et dans les écoles primaires supérieures.

L'école de Fontenay-aux-Roses, la première en date, fut ouverte en 1880, sous le ministère de Jules Ferry. Elle eut pour première directrice Mme Friedberg, qui fut faite chevalier de la Légion d'honneur. A sa mort, en 1890, elle fut remplacée par Mlle Saffroy, à qui succéda, en 1897, Mme Dejean de La Bâtie, la directrice actuelle. Mais le véritable fondateur de Fontenay-aux-Roses, celui qui imprima à cette école sa forte empreinte, fut M. l'inspecteur général Pécaut, qui, dès l'origine, fut chargé de la haute direction des études et de l'éducation des élèves. M. Pécaut se retira en 1896, et fut remplacé par son collègue et ami M. Steeg qu'une mort prématurée emporta en 1897. Après lui, l'administration a pensé que les traditions de l'école étaient assez solidement établies pour qu'il ne fût plus nécessaire de placer à sa tête un inspecteur général. Mme Dejean de La Bâtie reste seule chargée de la direction.

Depuis sa fondation, l'école de Fontenay-aux-Roses a reçu 531 élèves. Sur ce nombre, 488 appartiennent, à divers titres, à l'enseignement public. Parmi elles, on compte 67 directrices d'écoles normales, 20 directrices d'écoles primaires supérieures, 276 professeurs d'écoles normales et 76 professeurs d'écoles primaires supérieures ; 2 sont directrices de lycées ou collèges, 3 professent dans l'enseignement secondaire, 1 est inspectrice primaire et 3 institutrices publiques ; 57 enfin sont en congé, 1 en retraite et 25 sont décédées.

Actuellement, en 1900, l'école compte 43 élèves, réparties en 3 années. A l'origine, il n'y avait que 2 années. La troisième a été créée en 1897 pour permettre aux élèves d'étudier plus à fond les matières d'un programme très chargé et de consacrer plus de temps aux études pédagogiques, aux travaux personnels et à la culture générale et désintéressée de leur esprit.

Antérieurement, et depuis 1881 jusqu'en 1896, il y avait déjà eu à Fontenay une troisième année, mais elle avait une destination toute différente. Elle était suivie par des élèves-directrices qui se recrutaient parmi les anciennes élèves ayant accompli un stage dans l'enseignement et qu'on rappelait à l'école pour s'y préparer spécialement aux fonctions de directrices. 122 élèves de cette catégorie ont, en seize années, suivi des cours spéciaux à cette préparation. Le recrutement des directrices d'écoles normales étant largement assuré, le fonctionnement de cette section a été suspendu à la fin de 1896.

Il avait été admis, en principe, que l'école de Fontenay recevrait des internes et des externes, et, en fait, à plusieurs reprises, l'école a reçu des élèves externes, maîtresses adjointes d'écoles normales désirant préparer un examen ou même professeurs déjà munies de leurs titres et admises temporairement et par mesure tout à fait exceptionnelle. Actuellement, et depuis longtemps déjà, il n'a plus été accordé d'autorisation de ce genre, et toutes les élèves sont internes. Elles sont admises à la suite d'un concours pour lequel il faut avoir 19 ans au moins et 25 au plus. Les aspirantes doivent être munies du brevet supérieur, ou du diplôme de bachelier ou du diplôme de fin d'études secondaires. Le nombre des élèves à admettre est fixé chaque année par le ministre.

L'examen d'admission porte sur les matières enseignées à l'école normale primaire. C'est le même programme que celui du brevet supérieur.

Les épreuves écrites se font au chef-lieu de chaque département d'où les compositions sont envoyées à Paris, pour être corrigées par une Commission, composée en majeure partie de professeurs de l'école.

L'examen oral avait lieu autrefois à Paris. Depuis 1898, il se passe à Fontenay, à l'école même ; les aspirantes y sont internées, si elles le désirent, moyennant une redevance très minime. Elles y demeurent le temps que dure l'examen.

A l'école, les élèves sont divisées en deux sections, une pour les lettres, une pour les sciences, mais elles reçoivent en commun les leçons de morale et de psychologie. Elles assistent aussi, réunies, aux conférences hebdomadaires qui ont lieu le lundi, et sont groupées par années et non par sections, lorsqu'il s'agit de traiter, sous forme de causeries, des questions d'enseignement, ou de s'entretenir de ce qui a été vu et observé pendant des visites d'écoles, ou à l'occasion d'excursions et de promenades.

Le budget de l'établissement, pour l'année 1898-1899, était de 166.720 francs.

Sociétés diverses. — Une fanfare compte 30 membres ; une société de trompettes, fondée en 1899, se compose de 25 membres ; une société de vignerons, dite de Saint-Vincent, célèbre tous les ans une fête au mois de janvier; une société de tir et gymnastique réunit 120 membres qui payent 3 francs par an.

Médecins, pharmaciens, vétérinaires, sages-femmes. — Il y a dans la commune trois médecins, deux pharmaciens, deux sages-femmes ; il n'y a pas de vétérinaire.

ANNEXES

CONSEIL MUNICIPAL (1901

(Effectif légal : 21 membres)

MM. MAZOYER, Philibert - Émile, maire.

GIGOUT, Théodore, adjoint.

SOUBISE, Armel-Auguste, adjoint.

LOMBART, Jules-François, conseiller.

MOURY, Joseph-Denis-Marie, conseiller.

BONNEJEAN, Charles - Louis, conseiller.

BILLIARD, Alexandre-Adrien, conseiller.

DESFORGES, Léon, conseiller.

LAPORTE, Jules - Hippolyte, conseiller.

DROUIN, Jacques-Félicien, conseiller.

DESGROUAIS, Jules - Victor, conseiller.

MM. PÉCHEUR, Léon-Denis, conseiller.

NICOD, Charles-Auguste-Paul, conseiller.

GAILLARDON, Baptiste, conseiller.

LEPAIRE, Bélizaire - Victor, conseiller.

LEFÈVRE - GŒNEUTTE, Auguste, conseiller.

LEBOUCQ, Ernest, conseiller.

BARBAUT, Adolphe - Honoré, conseiller.

MARTINE, Gustave - Adolphe, conseiller.

N....., conseiller.

N....., conseiller.

TARIF DES CONCESSIONS

DANS

LE CIMETIÈRE

(Délibération du 28 juillet 1900, approuvée par arrêté préfectoral du 26 septembre 1900)

Des concessions perpétuelles, trentenaires ou temporaires de dix ans sont délivrées aux prix fixés par le tarif suivant :

CONCESSIONS PERPÉTUELLES

Un mètre sur deux mètres.	3oo fr.
Chaque mètre en plus.	3oo fr.

CONCESSIONS TRENTENAIRES

Un mètre sur deux mètres.	165 fr.

CONCESSIONS DÉCENNALES

Un mètre sur deux mètres.	6o fr.

DROITS DE SÉJOUR DANS LE CAVEAU PROVISOIRE

De 1 jour à 5 jours	5 fr.
De 6 — à 15 —	10 fr.
De 16 — à 3o —	20 fr.
De 31 — à 6o jours	45 fr.
Chaque jour en plus	1 fr.

TARIF DES DROITS DE VOIRIE

(Délibération du 22 février 1880, approuvée le 5 juin suivant)

CONSTRUCTIONS NEUVES

Alignement de bâtiment en maçonnerie ou pan de bois :
Rez-de-chaussée, par mètre linéaire de façade. . . . . . 2 fr. 50
1ᵉʳ étage,   —   —   . . . . 2 fr. »
2ᵉ étage,   —   —   . . . . . 1 fr. 50
3ᵉ étage,   —   —   . . . . . 1 fr. »
4ᵉ étage et au-dessus,   —   . . . . . 0 fr. 50

(L'exhaussement de bâtiment sera soumis aux mêmes droits ci-dessus.)

Alignement de mur de clôture, par mètre linéaire de façade. . . . . 1 fr. »
Alignement d'une clôture en planches ou treillage, par mètre linéaire de façade . . . . 0 fr. 25
Alignement d'une grille en fer sur mur, par mètre linéaire . . . . 0 fr. 50
Alignement d'une grille en bois sur mur, par mètre linéaire . . . . 0 fr. 25
Construction de bâtiment sur mur de clôture, mêmes droits que pour les constructions neuves, déduction faite du droit appliqué au mur de clôture même.

CONSTRUCTIONS EN SAILLIE

Saillies fixes

Grands balcons (ceux qui ont plus de 2 mètres de long.
    et o m. 22 de saillie), par mètre de longueur . . . .   8 fr. »
Petits balcons, par mètre de longueur. . . . .   1 fr. 50
Colonnes ou pilastres en pierre, bois ou fer, droit fixe   4 fr. »
Seuil en pierre, droit fixe . . . .   1 fr. »
Devanture de boutique, par mètre de longueur . . . .   2 fr. »

Saillies mobiles

Auvent, store ou banne, par mètre linéaire. . . . . .   1 fr. »
Auvent de porte, dit marquise, par mètre linéaire . . .   5 fr. »
Contrevents, volets, persiennes, grilles ou barreaux en
    saillie, pour chacun des objets, droit fixe . . . . .   1 fr. »
Volets non brisés, excédant o m. 80 de largeur, chaque
    volet, droit fixe . . . .   4 fr. »
Tableau, enseigne, lanterne, droit fixe . . . .   5 fr. »

    (Le rétablissement des objets en saillie, fixes et mobiles, ne
donnera lieu qu'à la perception d'un demi-droit.)

Reconstruction partielle de mur, rez-de-chaussée, par
    mètre de longueur. . . . .   2 fr. »
Au-dessus du rez-de-chaussée, par mètre et par étage .   1 fr. »
Chaperon de mur refait entièrement ou en partie, par
    mètre linéaire . . . .   o fr. 25
Réparation partielle de mur de clôture, par mètre. . .   o fr. 50

OUVERTURES

Ouverture d'une croisée, droit fixe . . . .   3 fr. »
    —   d'une porte bâtarde, droit fixe . . . .   4 fr. »
    —   d'une porte, grille cochère ou charretière,
droit fixe . . . .   6 fr. »

Ouverture d'une baie de boutique (indépendamment du droit afférent à la devanture), par mètre linéaire . .   2 fr.   »

RAVALEMENT PARTIEL OU GÉNÉRAL

Ravalement partiel ou général de la façade d'une maison, par mètre linéaire et par étage . . . .   o fr. 25
Ravalement d'un mur de clôture, par mètre linéaire. .   o fr. 15
Revêtissement en dalles, par mètre linéaire . . . . . .   o fr. 70
Soubassement en rocaille ou ciment, par mètre linéaire.   o fr. 3o
Étai, chevalement, contre-fiches, droit fixe . . . . . .   3 fr.   »

DROITS DIVERS

Barrière obligatoire devant les travaux, droit fixe . . .   2 fr.   »
Dépôts de matériaux sur la voie publique, par mètre superficiel et par mois . . . .   o fr. 20

TABLE

NOTICE HISTORIQUE... 7
  I.   Faits historiques 8
  II. Modifications territoriales et administratives 21
  III. Annales administratives. Liste des maires........................ 21
  IV. Monuments et édifices publics. Bibliographie..................... 25

RENSEIGNEMENTS ADMINISTRATIFS

I. TOPOGRAPHIE, DÉMOGRAPHIE ET FINANCES

§ I. *Territoire et domaine*

A. Territoire

Nom... 33
Dénomination des habitants.................................... 33
Limites, quartiers, hameaux, écarts et lieux dits............. 33
Superficie de la commune...................................... 34
Arrondissement.. 34
Canton 34
Circonscription électorale législative........................ 34
Bureaux de vote... 34
Circonscription judiciaire 34
Circonscription de commissariat............................... 34
Orographie.. 34
Hydrographie.. 35

B. Domaine

Mairie, date et prix de l'édifice, surface, services et logements.... 35
Écoles communales, date et prix, etc.......................... 35
Église.. 36
Presbytère.. 36
Cimetière 36
Tombe militaire 36
Hospice... 36
Marché.. 37
Terrains communaux.. 37
Fort 37

§ II. *Démographie*

A. Population	Population résidente, présente, par provenance, par nationalités, etc. — Naissances, décès, mariages	37
B. Habitations	Habitations occupées ou non. — Classement suivant les étages	39
	Nombre de logements occupés ou non	39
	Ateliers, magasins et boutiques	39
C. Divers	Électeurs inscrits	40
	Recrutement	40
	Recensement des chevaux et voitures	40

§ III. *Finances*

A. Contributions	Principal des contributions	40
	Perception	40
B. Octroi		41
Finances communales	Recettes ordinaires et extraordinaires	41
	Dépenses ordinaires et extraordinaires	41
	Emprunts et secours	41
	Valeur du centime. — Nombre de centimes grevant la commune et leur nature	42
	Charges par habitant	42
	Receveur municipal	42

II. — SERVICES PUBLICS

§ I. *Bienfaisance*

Bureau de bienfaisance	43
Hospice	45
Rosière	47
Legs Neyts	47
Traitement des malades dans les hôpitaux de Paris	47
Assistance à domicile	48
Aliénés, Enfants assistés et moralement abandonnés	48
Protection des enfants du 1er âge	49
Secours aux familles des réservistes	49
Propagation de la vaccine	49
Caisse des écoles	50
Bureau municipal de placement gratuit	50
Société de secours mutuels	50

§ II. *Enseignement*

Énumération par groupe scolaire du nombre de classes, d'élèves et de maîtres	54
Classes de garde	54
Classes de vacances	54

Excursions scolaires 55
Enseignement du chant, du dessin et de la gymnastique 55
Élèves admis dans les écoles primaires supérieures et professionnelles de Paris 55
Dons et legs faits aux écoles 55
Bibliothèques scolaires 55
Sociétés d'enseignement populaire 55

§ III. *Voirie*

Routes nationales et départementales 56
Chemins de grande communication 56
   —   vicinaux ordinaires 57
   —   ruraux 59
Route militaire 59
Voirie urbaine 59
Prestations 59
Entretien des rues et des chemins ruraux. — Enlèvement des boues et Balayage 60
Droits de voirie et de stationnement 60
Ponts 60
Rus et égouts 60
Distance de Paris, du chef-lieu de canton et des communes du canton 60
Moyens de transport 61
Eaux 62
Éclairage 62

§ IV. *Justice et Police*

Justice de Paix 63
Officiers ministériels 63
Commissariat de police 63
Gendarmerie 63
Garde champêtre 63
Messiers 63

§ V. *Cultes*

Paroisse 64
Fabrique.— Budget.— Fondations.— Congrégations 64

§ VI. *Services divers*

Poste.— Télégraphe.— Téléphone 66
Boîtes aux lettres 66
Caisse d'épargne 67
Sapeurs-Pompiers 67
Pompes funèbres 67
Marché 68
Bureaux de tabac 68

Bibliothèque municipale.— Archives 68

§ VII. *Personnel communal*

Employés de mairie 69
Divers 69

III. — RENSEIGNEMENTS DIVERS

Fêtes locales et foires 71
Commerce et productions du pays. — Principales industries 71
Écoles privées 72
Asile Ledru-Rollin. — Crèche privée 73
École normale supérieure d'enseignement primaire 75
Sociétés diverses 75
Médecins, pharmaciens, vétérinaires, sages-femmes 75

ANNEXES

Conseil municipal 81
Tarif des concessions dans le cimetière.— Caveau provisoire 82
Tarif des droits de voirie 83

COMPOSÉ, IMPRIMÉ ET BROCHÉ
PAR LES PUPILLES DU DÉPARTEMENT DE LA SEINE,
ÉLÈVES DE L'ÉCOLE D'ALEMBERT
A MONTÉVRAIN

COMPARAISON

DE LA

POPULATION

ET DES

RECETTES ORDINAIRES

Relevées aux époques de Recensement

(1801 à 1896)

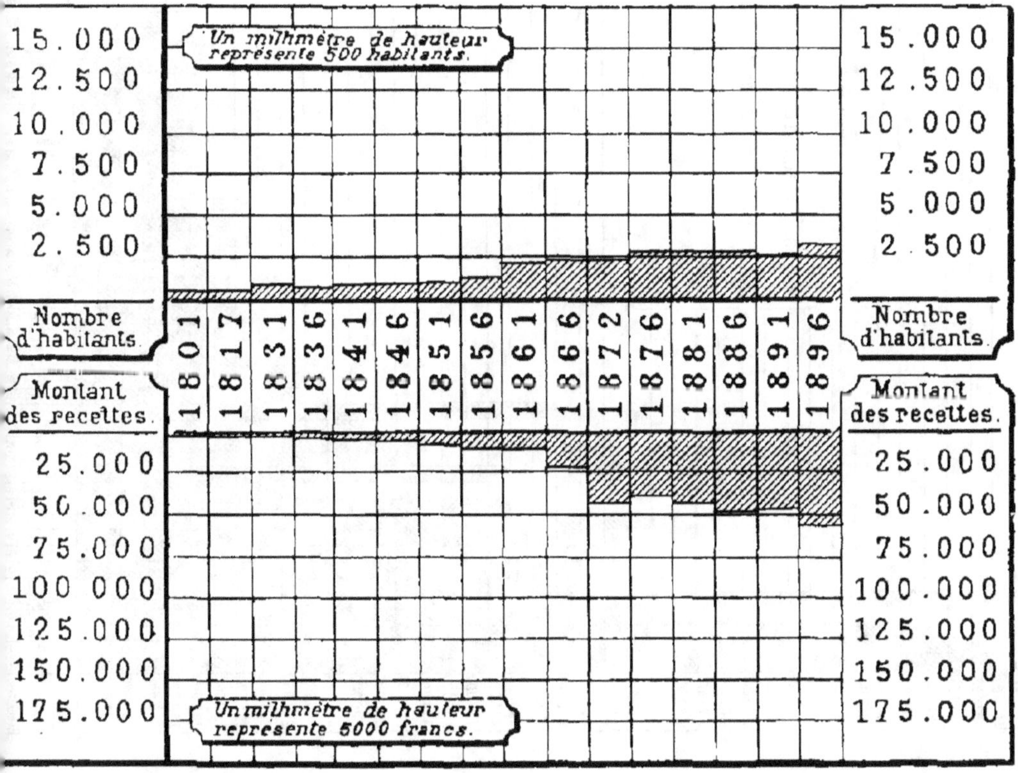

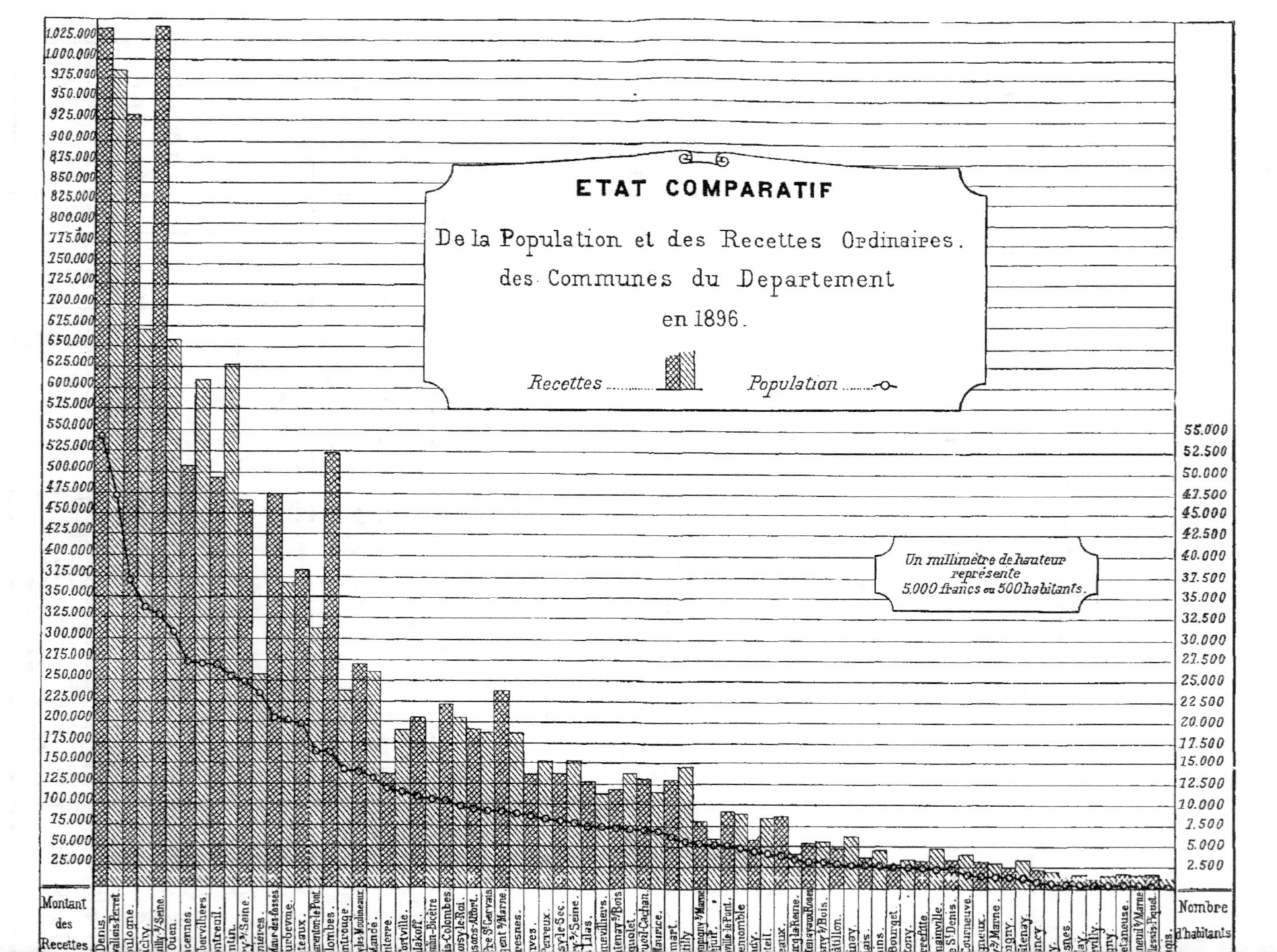

ETAT COMPARATIF
De la Population et des Recettes Ordinaires.
des Communes du Departement
en 1896.
Recettes
Population
Un millimètre de hauteur
représente
5.000 francs ou 500 habitants.
Montant des Recettes
1.025.000
1.000.000
975.000
950.000
925.000
900.000
875.000
850.000
825.000
800.000
775.000
750.000
725.000
700.000
675.000
650.000
625.000
600.000
575.000
550.000
525.000
500.000
475.000
450.000
425.000
400.000
375.000
350.000
325.000
300.000
275.000
250.000
225.000
200.000
175.000
150.000
125.000
100.000
75.000
50.000
25.000
Nombre d'habitants
55.000
52.500
50.000
47.500
45.000
42.500
40.000
37.500
35.000
32.500
30.000
27.500
25.000
22.500
20.000
17.500
15.000
12.500
10.000
7.500
5.000
2.500
Denis.
vallois-Perret.
oulogne.
chy.
illy s/Seine.
Ouen.
cennes.
bervilliers.
ontreuil.
ntin.
y s/Seine.
nières.
aur des fosses.
urbevoie.
teaux.
arenton-le-Pont.
lombes.
ntrouge.
les Moulineaux.
lande.
ierre.
ortville.
lakoff.
tin-Bicêtre.
s-Colombes.
oisy-le-Roi.
sons-Alfort.
Pre St Gervais.
gent s/Marne.
resnes.
ves.
Devreux.
sy-le-Sec.
s/Seine.
Lilas.
nevilliers.
tenay s/Bois.
quolet.
ueil-Cachan.
aurice.
mart.
illy.
mpigny s/Marne.
juif.
ville-le-Pont.
enomble.
dy.
teil.
aux.
urg-la-Reine.
tenay-aux-Roses.
ny s/Bois.
atillon.
nay.
ns.
ns.
Bourget.
tony.
refitte.
ainville.
le St Denis.
urneuve.
neux.
s/Marne.
igny.
itenay.
ncy.
Y.
snes.
ay.
illy.
gny.
etaneuse.
neuil s/Marne.
lessis-Piquet.
gis.

Limites actuelles de la Commune reportées sur la Carte dite des Chasses (1764-1773)

Monographie des Communes du Département de la Seine.

Échelle de $\frac{1}{16.000}$

Reproduction L. Wuhrer

Monographie des Communes du Département de la Seine.

FONTENAY-AUX-ROSES

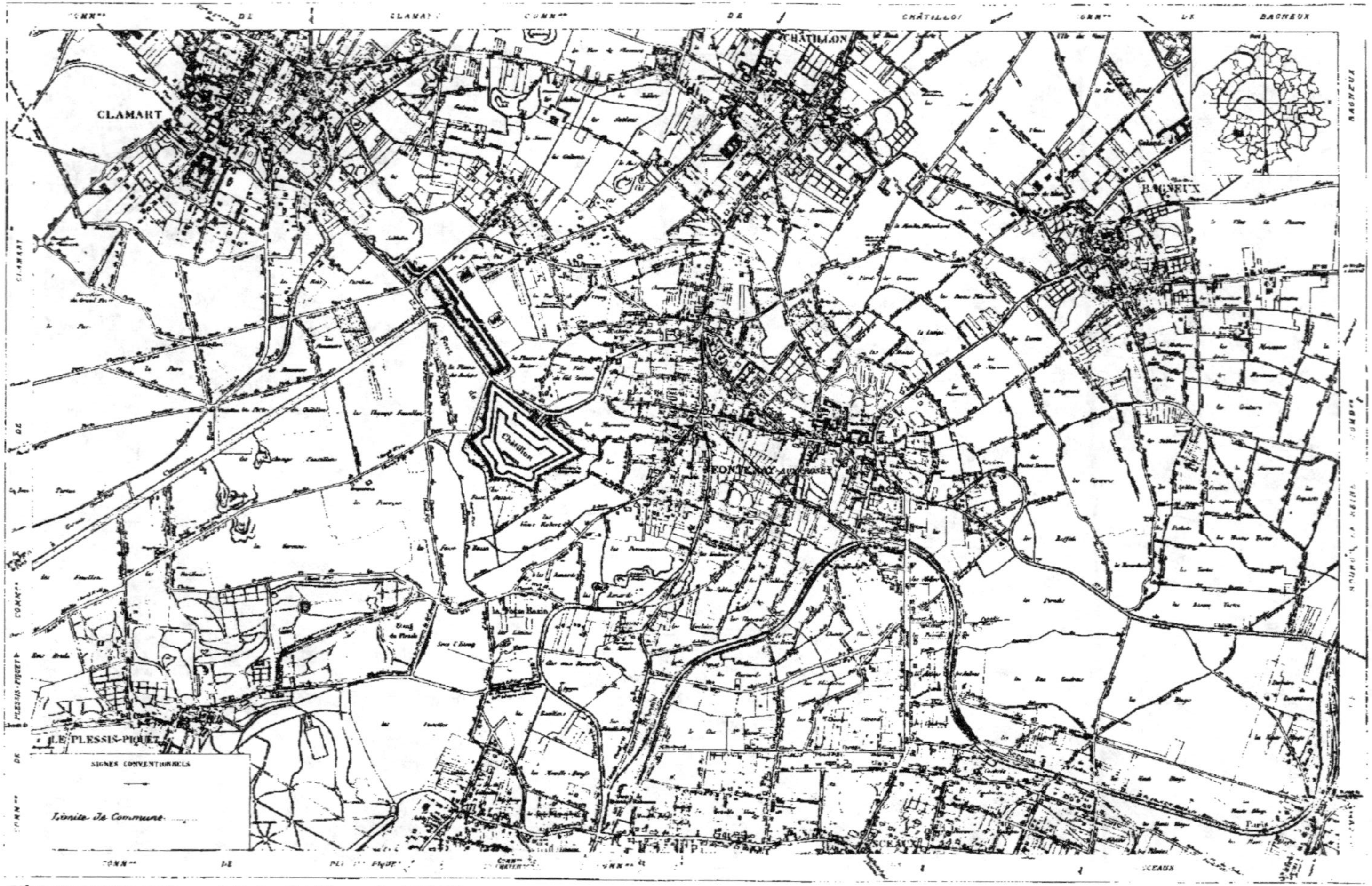
COMM^NE DE CLAMART
COMM^NE DE CHÂTILLON
COMM^NE DE BAGNEUX
CLAMART
CHÂTILLON
BAGNEUX
FONTENAY-AUX-ROSES
Châtillon
LE PLESSIS-PIQUET
SCEAUX
COMM^NE DE PLESSIS-PIQUET
COMM^NE DE SCEAUX
SIGNES CONVENTIONNELS
Limite de Commune

Réduction Extrait de l'Atlas des Communes du Département de la Seine au 1:5.000 de 1896-1900

Echelle de $\frac{1}{16.000}$

Gravé par L. Wuhrer

EN DÉPOT

A LA PRÉFECTURE DE LA SEINE

DIRECTION DES AFFAIRES DÉPARTEMENTALES

BUREAU DES COMMUNES

(Annexe Est de l'Hôtel de Ville)